마블로지
MARVELOGY

일러두기

1. 이 책의 맞춤법과 인명, 지명 등의 외래어 표기는 국립국어원의 규정을 바탕으로 했습니다. 다만 출간된 번역서가 있는 경우 해당 도서의 표기를 따랐으며, 규정에 없는 경우는 현지음에 가깝게 표기했습니다. 영화 제목 및 등장인물의 이름은 영화 및 만화 내의 정보를 따랐습니다.
2. 본문에 언급된 단행본 및 만화 단행본은 《 》, 논문 및 잡지는 〈 〉, 영화 및 드라마는 「 」로 표기했습니다.
3. 부가 설명은 본문 안에 괄호 처리했으며, 영어, 한자, 인명은 본문 안에 병기로 처리했습니다.

마블로지
MARVELOGY

김세리 지음

히어로 만화에서
인문학을 배우다

이 책을 읽는 분들에게

마블을 하나의 학문으로 정립할 수 있으리라는 가능성을 처음 느꼈던 건 영화 『어벤져스: 에이지 오브 울트론』의 엔딩 크레디트를 보고 있던 때로 기억된다.

언제나처럼 쿠키 영상을 기다리고 있던 차에 인상 깊은 장면들이 등장하기 시작했다. 어벤져스에 등장하는 히어로들의 모습이 그리스·로마 시대의 조각 작품처럼 재현된 장면이었다. 마치 미켈란젤로의 조각상처럼 아름다운 모습으로 어벤져스의 주인공들 하나하나가 백색의 위엄을 뽐내고 있었다. 순간 정말이지 묘한 기분이 들었다. 과거의 영웅들을 표현했던 고대 조각 양식이 현대의 히어로들을 만나 불러일으킨 부조화가 몹시도 흥미롭게 다가왔기 때문이다.

커트 뷰식Kurt Busiek과 알렉스 로스Alex Ross가 창조한 만화 《마블스Marvels》에는 앞을 볼 수 없는 조각가 매스터스가 자신의 전시회에서 히어로들과 빌런들의 조각을 선보이는 장면이 나온다.

전시회를 관람한 사람들은 그 묘사력에 감탄하는데, 그 순간 내가 바로 그 만화 속 관람자가 된 듯한 착각이 일었다.

뒤이어 불현듯, 신화 속 주인공들을 모델로 한 작품이나 조각, 그림 등을 학문적 대상으로 연구해 왔듯이 마블의 주인공들 역시 하나의 학문적 대상으로 다루어지기에 손색없는 시대라는 생각이 뇌리를 스쳤다.

프랑스의 기호학자 롤랑 바르트Roland Barthes는 현대의 다양한 현상이나 사건, 혹은 그에 내재한 의미를 '신화'라 지칭했다. 그리스·로마 신화가 고대인들의 사고를 지배했다면, 현대인들의 사고를 지배하는 것은 다양한 대중매체가 만들어낸 이야기들이며, 이것이 곧 '현대의 신화'이다. 그렇다면 전 세계가 열광하는 마블의 주인공들 역시 우리 시대를 대변하는 '신화'의 반열에 올랐다고 할 수 있을 것이다. 주위를 둘러보면 어디에든 마블의 캐릭터들로 가득하다. 이미 오래 전에 등장한 이 캐릭터들이 아직까지도 생명력을 과시하며 우리와 함께 살아 숨 쉬는 이유는 무엇일까?

군이 문화 기호학적 관점을 언급하지 않더라도, 슈퍼 히어로들은 결코 신화라는 용어와 멀리 있지 않다. 슈퍼 히어로들의 기원을 거슬러 올라가 보면 그들이 그리스·로마 신화, 북유럽 신화뿐만 아니라 세계 각국의 신화 속 영웅들을 모티프로 하고 있음을 알 수 있다. 인간의 능력을 초월하는 영웅들, 그들이 무찌르는 괴물들, 영웅들 간의 오해와 불화, 전쟁과 연대에 이르기까지. 사실상 대부분의 스토리 구도를 신화에 빚지고 있다.

신화는 인류의 원형적 상상력을 담고 있는 인간 욕망의 심리학적 총체라 할 만하다. 인류 본연의 무의식을 드러내는 까닭에 신화는 시대를 거쳐 세련화되고 반복된다. '반복된다'는 사실이 중요하다. 롤랑 바르트가 우리 시대의 신화는 대중 매체를 통해 현현한다고 보았던 것도 그 때문이다. 또한 신화는 스스로를 쇄신하며 '변신'한다. 신화학자 조지프 캠벨Joseph Campbell이 쓴 저서의 제목처럼 《천의 얼굴을 가진 영웅The Hero with a Thousand Faces》의 모습으로. 그리고 지금 그 신화의 중심에는 마블의 히어로들이 있다.

이에 대해 구체적으로 논하기 위해 필요한 것은 무엇보다 이 현대적 신화에 대한 연구를 잘 요약해 줄 만한 제목이었다. 신화에 대한 연구를 '신화학'이라 부르듯이, 우리 시대의 신화인 마블 세계관을 연구한다는 의미에서 '마블로지Marvelogy', 즉 '마블학'이란 용어는 어떨까? 학문이나 담론을 지칭하는 용어인

'logy'를 'Marvel'의 뒤에 붙여 'Marvelogy'라는 신조어로 칭하는 것이다.

'마블학'의 정립은 분명 이 책으로부터 시작되겠지만, 그렇다고 해서 지금까지 마블 히어로들에 관한 연구가 전무했던 것은 아니다. 특히 마블 히어로들의 독특한 개인사와 결부된 특이 능력은 과학 서적의 좋은 소재가 되어왔다. 국내에 소개된 서적 중 슈퍼 히어로들의 능력과 활동을 통해 물리학의 원리를 짚어보며 실현 가능성을 타진한《슈퍼맨, 그게 과학적으로 말이 되니?The Physics of Superheroes》는 과학 입문서로서도 손색이 없다. 비교적 최근에 출간된《마블이 설계한 사소하고 위대한 과학The Science of Marvel》역시 마블 독자들의 과학적 호기심을 충족시켜 주기에 충분하다. 또한《슈퍼영웅의 과학The Science of Superheroes》은 마블과 DC 히어로들의 실제 탄생 비화와 과학적 지식을 동시에 얻을 수 있다는 장점을 지닌 책이다.

한편, 인문학적 관점에서 슈퍼 히어로들을 다룬 연구 논문들－사실 마블학의 주된 관심사는 이 편에 가까운데－ 역시 꾸준히 발표되고 있으며, 나날이 새로워지는 히어로들을 재조명하는 데에 기여하고 있다. 국내에 소개된 대표적 연구서로는《슈퍼 히어로 미국을 말하다Superheroes and Philosophy》와 《배트맨과 철학Batman and

Philosophy》을 들 수 있다. 전자는 마블과 DC 히어로들을 따로 구분하지 않고 이들로 인해 야기될 수 있는 다양한 철학적 논의를 주제별로 모아 둔 연구서이며, 후자는 DC의 영웅 배트맨을 중심으로 철학적, 윤리적 접근을 시도한 논문들이다. 특히 이 두 책들은 마블을 학문으로 구축하고자 결심한 이후 실질적으로 많은 도움을 받았던 책들이기도 하다. 그러나 인문학적 관점에서 온전히 마블의 히어로들과 그들의 세계만을 중심으로 구성된 책은 아쉽게도 아직 존재하지 않았다. 부디 이 책이 그 첫 역할을 해 주었으면 하는 바람이다.

그렇다면 마블학의 범위는 과연 어디까지인가? 그 방대한 세계를 어떻게 모조리 정돈할 것인가? 우선, 이 책은 '마블의 계보학'이 아닌 '마블학'임을 명확히 하고자 한다. 주지하듯 마블의 세계는 그 근원을 만화 원작에 두고 있으며, 이를 토대로 제작된 영화, 드라마, 게임 등의 세계관은 각기 상이하다.

가장 크게 구분되는 것은 두 개의 MCU, 즉 마블 영화 세계Marvel Cinematic Universe와 마블 만화 세계Marvel Comic(s) Universe이다. 이 두 세계가 서로 무관하다고 볼 수는 없으나 만화 속 세계관이 훨씬 더 복잡하며, 등장하는 캐릭터의 수도 더욱 다양하다. 그 이유는 만화 속 세계관이 때론 단일 우주Uni-verse가 아닌 여러 개의 평행 우주, 혹은 다중 우주Multi-verse를 배경으로 하고 있기 때문이다. 이는 하나의 슈퍼 히어로 캐릭터를 여러 작가가 재생산하는 방식을 허용하는 미국 코믹스의 작업 방식에 기인한다. 우리가 이 책에서 마블의 계보를 전부 언급할 수 없는 이유 또한 여기에 있다.

더하여 이러한 선별적 기술 방식은 만화보다 영화를 먼저 접한 대다수의 독자들을 배려하고자 하는 의도에서 비롯된 것임을 밝힌다. 따라서 우리는 영화와 만화에 공통적으로 등장하는 히어로들을 중심으로 원작인 만화의 스토리를 따라 기술하되, 영화 세계와의 비교가 필요한 경우에 한해 양자 간의 차이점을 언급하는 방식을 택했다. 자연히 영화 『어벤져스』 시리즈의 시작부터 『어벤져스: 엔드게임』에 이르기까지, 영화 속에 등장하지 않는 만화 속 영웅들은 의도적으로 배제할 수밖에 없었다.

이 책의 주된 목적은 무엇보다 마블이 야기할 수 있는 인문학적 담론의 가능성을 제시하는 데에 있다. 이러한 시도가 가능해지려면 마블의 세계가 지니는 독자성과 의의를 우선적으로 기술해야 한다.

책의 첫 장에서 우리는 마블의 기원과 역사에 잠시 주목해 보고자 한다. 마블만의 정체성을 탐구하기 위해서는 라이벌인 DC

코믹스에 대한 언급도 빼놓을 수 없다. 미국 코믹스를 주도해 온 양대 산맥의 진화 과정을 살피는 것은 마블학의 초석을 다지는 작업임과 동시에 슈퍼 히어로물로 대변되는 미국 대중문화를 엿보는 기회가 된다는 점에서 유용하다.

이어지는 장에서는 슈퍼 히어로의 존재론적 의미를 고찰하는 한편, 슈퍼 히어로 만화의 새 장을 열었다고 평가받는《왓치맨Watchmen》과《배트맨: 다크 나이트 리턴즈Batman: The Dark Knight Returns》가 지닌 그래픽 노블로서의 가치와, 이 두 작품이 이후 마블에 끼친 영향력을 타진해 볼 것이다.

세 번째 장에서는 마블에 처음 입문하는 독자들을 고려하여 영화 『어벤져스』 시리즈에 등장한 마블 캐릭터들을 중심으로 각 히어로들의 특성 및 신화적 기원에 대해 탐색해 보고자 한다. 이로써 슈퍼 히어로들이 과거로부터 현대에 이르기까지 다양하게 수용되고 변화되어온 과정에 집중할 수 있을 것이다.

마지막 장에서는 슈퍼 히어로들이 현대 사회에서 '어벤져스'라는 이름으로 연대하며 겪게 되는 보다 현실적인 문제(시민, 언론, 정부, 히어로들 간의 관계)에 접근해 보았다. 특히 이 장에서 제기될 철학적 논의들과 더불어, 우리는 슈퍼 히어로물에서 다루어지는 주제들이 한낱 오락거리 이상의 의미를 내포하고 있으며, 때로는 그 어떤 시사적인 이슈보다 현실적인 측면을 드러내고 있음을 확인하게 될 것이다.

슈퍼 히어로물이 일관되게 제기하는 문제는 어디까지나 '정의'에 관한 것이다. 그리고 여기서 우리는 서로 다른 입장의 정의와 마주하게 된다. 정의에 대한 마지막 논의를 이끌 주된 텍스트로는 만화 원작《시빌 워Civil War》시리즈와 영화『어벤져스: 인피니티 워』,『어벤져스: 엔드게임』을 채택했다.

만화《시빌 워》시리즈는 히어로들 간의 대립을 실제 상황 속으로 끌어들여 동일한 사건을 히어로들의 각기 다른 입장에서 재구성한 수작이다. 만화 특유의 서술 방식과 캐릭터들을 향한 입체적 관점으로 말미암아 정의에 대한 심도 있는 고찰을 가능하게 해 줄 것이라는 기대로 논의의 기반으로 삼았다. 또한 영화『어벤져스: 인피니티 워』와『어벤져스: 엔드게임』은 복잡한 세계관으로 얽힌 만화 시리즈에 비해 비교적 정돈된 내용을 보여주고 있으며, 많은 이들의 사랑을 받은 영화인만큼 공통된 담론을 끌어내기에 적합하다 판단했기에 선택하였다. 이를 통해 히어로들의 정의관과 정의 구현 방식이 대립하게 된 이유를 살펴봄과 동시에 과연 '우리 시대의 정의란 무엇인가'에 관해 숙고해 보고자 한다.

어쩌면 마블학이 등장해야 하는 시점은 바로 지금, 마블 신화

11

를 만든 스탠 리^{Stan Lee}가 타계한 이 시점, 발전한 영화 기술력을 실감케 한 『어벤져스: 엔드게임』이 일단락되고, 적어도 1분기 히어로들이 그들의 임무를 충실히 완수한 듯 보이는 바로 이 시점, 그리고 대한민국이 '마블 공화국'이라 불리고 있는 바로 이 시점이 아닐까 한다.

'마블 공화국'에서 마블학이 정초되는 것은 어쩌면 자연스러운 일이다. '마블 공화국'이라는 용어 속에는 '마블 영화라면 무조건적으로 좋은 흥행 성적을 거두는 나라'라는 단순한 의미 이상의 것이 담겨있다고 믿는다. 그 이상의 것이란 바로 '정의를 향한 갈망'이다. 더하여 그것은 마블을 통한 자유로운 소통의 장이다. 우리는 마블의 신화를 단지 대중적 오락거리로만 소비하는 데에 그치는 것이 아니라, 사색의 대상이자 철학적 담론의 대상으로 소비할 수 있는 수준 높은 소비자들임을 알리고자 하는 마음 또한 이 책을 쓰게 된 동기 중 하나였다.

우리는 마블의 세계를 통해 정의와 책임, 슈퍼 히어로들의 임무와 자경단으로서 그들이 취해야 할 윤리, 이 시대에 점점 위태로워지고 있는 인간의 본질적 가치에 관해 논할 것이다. 만약 마블로부터 끌어낼 수 있는 담론의 스펙트럼 전체를 하나의 학문으로 규정할 수 있다면, 마블학은 앞으로도 철학, 신화학, 문화학, 기호학, 심리학, 정치학, 사회학, 더 나아가 미래학에 이르기까지, 즉 인문학 전반과 과학 전반의 영역, 어쩌면 그보다 더 멀리까지 나아갈 수 있을 것이다.

이 책을 본격적으로 집필하게 된 것은 코로나 바이러스가 전 세계 인류의 생명을 앗아가고 있던 시기였다. 보이지 않는 그 병마는 최강 빌런 타노스를 방불케 하는 위협적인 존재로 전 인류를 공포에 빠뜨렸다. 당연하게 누리던 일상은 그리운 과거가 되어갔고, 개인의 자유와 공익 간의 윤리적 딜레마는 우리에게 매일 새로운 숙제를 던져주었다. 이러한 위기 상황에도 불구하고 우리는 진정한 영웅들과 대면했다. 그들은 비단 초인적인 능력을 소유했기에 영웅인 것이 아니라, 보통의 인간임에도 숭고한 인류애로 무장한 채 헌신했기에 진정한 영웅들이다. 이 전투에서 대한민국이 보여주었던 행보는 분명 어벤져스 이상의 것이었다. 마블의 정의를 몸소 실천해 나가는 진정한 마블 공화국의 진면모를 보여주기 위해. 부디 엑셀시오르Excelsior!

2021년의 봄
김세리

차례

Ⅱ. 마블학의 시작
: 그래픽 노블의 부상과 슈퍼 히어로

Ⅱ. 마블과 신화

IV. 마블이 일군 철학적 생태계

I

만화계의 빅뱅과
마블의 탄생

미국 만화, 특히 슈퍼 히어로물로 대변되는 만화 산업의 주된 축을 이루는 것은 DC 코믹스와 마블 코믹스이다. DC는 마블보다 먼저 설립되었으며 과감히 슈퍼 히어로 만화 시장의 서막을 열었다. 따라서 마블의 역사를 논하는 데에 있어 DC 코믹스를 언급하지 않을 수 없다. DC는 명백히 마블의 캐릭터와 세계관 형성에 적잖은 영향을 끼쳤기 때문이다. 마블의 역사는 어떤 식으로든 DC에 빚지고 있을 것이다.

슈퍼 히어로 만화계 양대 산맥의 발전 과정과 변곡점을 지켜보는 것은 미국 문화를 대표하는 슈퍼 히어로들을 심도 있게 이해하는 방법 중 하나다. 동류의 콘텐츠를 기반으로 성장하며 서로를 견제해 온 DC와 마블의 공존 관계는 독자들에게도 언제나 흥미로운 관심사였다. DC와 마블의 오랜 역사와 차이점을 함께 살펴본다면 마블의 정체성을 파악하는 데에 역시 도움이 될 것이다. 또한 앞으로 마블의 영웅들을 접하는 데에도 보다 수월함을 느낄 것이다.

1. 태초에 DC가 있었다

슈퍼 히어로 만화가 어느 날 갑자기 등장한 것은 아니다. 거 21
슬러 올라가 보면 그 기원이 신화적 지반에서 출발하고 있음을
확인할 수 있다. 천둥 번개를 자유자재로 다루는 초월적 신, 변
신에 능한 신, 신의 혈통을 이어받아 그 능력의 일부를 부여받
은 반인반신의 존재들, 평범한 인간 영웅에 이르기까지. 이 중
인간 영웅들의 위대함은 신들의 방해와 미움에도 불구하고 끝
까지 자신의 운명과 맞서는 데에서 온다. 이처럼 소위 히어로라
불리는 이들의 다양한 능력과 윤리적 과업에 관한 이야기는 멀
게는 그리스·로마 신화나 북유럽 신화와 같은 각국의 고대 신화
에 그 원형을 둔다.

신화에 뒤이어 히어로물의 자양분이 된 것은 19세기 산업 혁명과 더불어 자리한 기계 문명과 그에 따른 변화에 맞서 기이한 판타지와 공포감으로 구축된 환상 소설과 공포 소설이었다. 주로 유럽에 뿌리를 두고 있던 모험 소설과 고딕 소설, 쥘 베른Jules Verne의 탐험 소설, 허버트 조지 웰스Herbert George Wells의 과학 소설 등이 그 예이다.

아직 TV가 존재하지 않았던 당시 사람들에게 오락거리란 책과 라디오가 전부였으나, 20세기에 들어서면서 오직 상상 속에서만 그려지던 이 세계는 점차 시각 매체를 통해 구체화되기 시작한다. 각종 대중문화와 인쇄기술이 보급되고 신문과 언론의 역할이 커지던 20세기, 특히 1896년에서 1950년대에 간행된 펄프 매거진Pulp Magazine은 젊은이들 사이에서 선풍적인 인기를 끌었다. 이것은 소설로 가득한 5~50센트짜리 싸구려 잡지였다. '펄프(Pulp)'는 추리물부터 공상과학, 스포츠, 사랑 이야기, 서부 활극에 이르기까지 모든 장르의 소설을 실었던 이 잡지의 '걸죽한(pulp)' 특성을 뜻하는 용어가 아니라, 비용 절감을 위해 값싼 펄프 종이를 사용했다는 데에서 유래했다.[1] 저급하고 선정적이라는 비난에도 불구하고 매달 수백만 명의 독자들이 이 잡지를

---

1 로버트 와인버그, 로이스 그레시, 《슈퍼영웅의 과학》, 이한음 옮김, 한승, 2004, p.6.

읽으며 열광했다.

1920년대와 1930년대를 거쳐 미국 공상과학 소설과 판타지 소설 대부분이 펄프 매거진에 실릴 정도로 인기를 끌었으며, 펄프 매거진 속 소설을 만화로 각색한 작품들이 신문에 속속 연재되기 시작했다. 20세기 초 미국에서는 제1차 세계대전을 기점으로 신문 연재만화와 연재잡지에 대한 대중들의 관심이 상당했다. 그러나 1929년부터 십여 년에 걸친 경제 공황을 겪으며 사회적, 문화적으로 깊은 침체기에 접어들었다. 거대한 대륙에 드리워진 이 암울한 상황 속에서 미국의 위대함과 저력을 보여줄 강력한 캐릭터들이 대중들에게는 어느 때보다 절실했다. 그들은 미국이라는 나라의 재건과 쇄신을 갈구하고 있었고, 이 열망을 충족시켜 줄 무엇 혹은 누군가를 애타게 기다리고 있었다.

1939년, 이어지는 제2차 세계대전으로 인해 미국의 젊은이들은 전쟁터로 향했다. 그들은 무엇보다 미국의 승리를 바랐다. 슈퍼맨과 배트맨과 같은 히어로들이 이때 등장한 것은 분명 우연만은 아니다. 이 영웅들은 미국인들의 모든 희망을 응축해 놓은 모습과도 같았다. 이로써 슈퍼 히어로 만화계의 빅뱅이 선포된 것이다.

당시 출판업자들은 신문 연재만화의 승승장구에 힘입어 매달 신문에 연재되었던 만화들을 한 권으로 묶은 최초의 월간만화를 출간하기 시작했다. 월간만화는 연재 당일에 신문을 보지 못해 그날 만화를 놓친 독자들에게 도움이 되었을 뿐만 아니라, 만화를 일회성으로 소비하는 대신 소장할 수 있도록 해주었다. 1933년 무렵 등장한 월간잡지로는 〈페이머스 퍼니스Famous Funnies〉, 〈파퓰러 코믹스Popular Comics〉, 〈킹 코믹스King Comics〉 등이 있다.

이러한 분위기 속에서 1934년, 소설가이자 펄프 작가였던 메이저 맬컴 휠러니컬슨Major Malcolm Wheeler-Nicholson은 '내셔널 얼라이드 퍼블리케이션National Allied Publication'을 세우며 대담한 사업 구상을 하게 된다. 이것이 바로 DC 코믹스의 전신이다.

휠러니컬슨은 기존 월간만화처럼 한 달분의 신문 연재만화를 그저 다시 찍어내는 대신, 애초부터 단행본 만화를 출간한다는 목표로 아예 새로운 인물들이 등장하는 새로운 이야기를 선보이고 싶어 했다. 1935년, 그는 이 야심찬 계획을 실행에 옮겼고, 새롭게 출간된 두 만화에 각기 〈뉴 펀 코믹스New Fun Comics〉와 〈뉴 코믹스New Comics〉라는 이름을 붙였다.

하지만 이처럼 파격적이었던 휠러니컬슨의 아이디어는 생각만큼 대중들의 호응을 얻지 못했고, 그는 빚더미에 앉게 된다. 그가 설립했던 내셔널 얼라이드 퍼블리케이션은 공동 경영자였던 해리 도넌펠드Harry Donenfield와 잭 리보위츠Jack S. Liebowitz로부터 필요 자금을 조달받고서야 겨우 살아남을 수 있었다. 해리 도넌펠드는 에너지 넘치는 사업가였고, 휠러니컬슨과 연합해야 앞으로 부상할 만화 산업 분야로 이동할 수 있음을 간파할 정도로 영리한 사람이었다. 1937년 3월, 드디어 최초의 슈퍼 히어로 만화 전문 회사 '디텍티브 코믹스Detective Comics(이하 DC로 표기)'가 설립되었다. 탐정물을 연상시키는 'Detective'라는 용어로부터 그 당시 신문 연재만화를 주도했던 탐정물의 인기가 어느 정도였는지를 짐작할 수 있다.

그러나 불행히도 새로운 만화책을 향한 독자들의 반응은 의외로 싸늘했다. 신문 연재만화에 익숙해져 있던 독자들에게 이런 종류의 만화는 너무도 생소했던 것이다. 이 여파로 말미암아 1937년 말, 휠러니컬슨은 빚 청산을 위해 DC의 실질적 전신인 내셔널 얼라이드 퍼블리케이션을 도넌펠드에게 넘긴다. 도넌펠드는 경매로 내셔널 얼라이드 퍼블리케이션을 인수한 후, 휠러니컬슨을 해고했다. 결국 이듬해인 1938년, 완전히 빈털터리가 된 휠러니컬슨은 파산 신청과 동시에 남겨두었던 DC 지분마저 도넌펠드에게 팔아치웠다.

이후 도넌펠드와 리보위츠는 본격적으로 만화 산업에 투신한다. 만약 휠러니컬슨이 1938년 6월 DC에서 발행된 〈액션 코믹스Action Comics〉 제1호가 대중들에게 미칠 여파를 조금이나마 예상했다면 결코 회사를 처분하는 일 따위는 하지 않았을 것이다. 〈액션 코믹스〉 1호에 '슈퍼맨'이 처음 등장한 순간, 만화계의 판도는 완전히 역전되어 버렸으니까.

슈퍼맨이 자동차를 들어 올리고 있는 장면으로 표지를 장식한 〈액션 코믹스〉 1호는 그야말로 독자들의 시선을 강탈했다. 마치 니체의 '초인'을 연상시키는 이름을 지닌 이 캐릭터는 당시 아마추어 만화 작가였던 제리 시겔Jerry Siegel과 일러스트 작가 조 슈스터Joe Shuster에 의해 탄생했다. 특히 제리 시겔은 슈퍼맨을 구상함에 있어 "삼손, 헤라클레스, 그리고 지금까지 어디선가 들었던 모든 힘센 사람을 하나로 뭉쳐놓은 그런 인물"[2]을 염두에 두었노라 고백한다.

이처럼 초자연적인 능력을 지닌 영웅들은 언제나 대중의 상상 속에 존재해 왔다. 경제 공황 이후 그 어느 때보다 열등감과

---

2 마크 웨이드 외, 《슈퍼 히어로 미국을 말하다》, 하윤숙 옮김, 잠, 2010, p.51.

패배감에 지쳐있던 소시민의 사회, 조직이 개인의 모든 결정을 대신 내리고, 조직을 위해 개인의 특수성을 희생시키는 산업 사회 속에서 이러한 영웅은 소시민의 자립에 대한 열망과 권력에 대한 꿈을 체현해 줄 존재여야 했다. 슈퍼맨은 시민들의 요구에 딱 들어맞는 영웅이었다. 그는 엄청난 괴력을 지녔을 뿐만 아니라 미남이고, 윤리적이며, 헌신적이다. 평상시에는 겁 많고 소심한 기자인 클라크 켄트가 초자연적 존재인 슈퍼맨으로 변신하는 순간, 평범한 소시민 독자들은 잠시나마 자신의 삶을 옥죄고 있던 사슬을 끊어버리고 세계를 움직이는 영웅이 되는 꿈을 꿀 수 있었다.[3]

슈퍼맨으로 인한 엄청난 성공은 DC의 빚을 모두 청산해 줄 만큼 대단한 것이었다. 〈액션 코믹스〉 1호는 50만 부 가까이 판매되었다. 이 여파로 1939년 〈액션 코믹스〉에 실렸던 슈퍼맨의 이야기를 모아 출간한 단행본 《슈퍼맨Superman》 1권은 자신의 아버지 격이었던 〈액션 코믹스〉의 판매 기록조차 넘어섰다. 또한 1939년은 '배트맨'이라는 DC의 또 다른 영웅이 탄생한 해이기도 하다. DC는 여기에 그치지 않고 1941년 원더우먼과 아쿠아

---

3 움베르토 에코, 《대중의 영웅》, 조형준 옮김, 새물결, 2005, pp.62-63.

맨 등 새로운 영웅들을 배출하며 만화계의 일인자로 군림한다.

배트맨과 같은 예외적 경우를 제외하면, DC의 영웅들은 대체로 초인적인 능력을 지닌 채 태어난다. 슈퍼맨은 외계에서 온 초능력자이며, 그리스 신화 속 여전사 아마존의 후예인 원더우먼은 제우스의 혈통을 지녔다. 아쿠아맨 역시 포세이돈의 후예로, 신화적 계보로 보자면 원더우먼과 사촌지간이라 할 수 있다. 이들은 후일 '저스티스 리그 오브 아메리카'라는 이름으로 연대하여 힘을 합친다.

DC의 선전으로 말미암아 점차 슈퍼 히어로를 주인공으로 한 만화들이 쏟아져 나오며 슈퍼맨에게 도전장을 던졌다. 이로써 이른바 만화계의 황금시대The Golden Age of Comics가 도래했다. 황금시대는 1938년 《슈퍼맨》이 발간된 때부터 만화 검열이 시행되던 직전인 1950년대 초반까지를 일컫는다. 이 시기부터 만화는 본격적으로 미국 대중문화의 주류 분야로 자리매김했다. 이처럼 슈퍼 히어로 만화의 황금시대를 주도한 것은 DC 코믹스였다.

DC는 1950년대에도 주력 상품이던 《슈퍼맨》, 《배트맨》, 〈액션 코믹스〉와 〈디텍티브 코믹스〉를 선보이며 독보적인 입지를 굳혔다. 하지만 당시 미국 상원 청문회에서는 만화가 청소년들에게 유해하다는 이유를 들어 미국 만화법을 제정했다.

이 법안은 독일 출신의 심리학자 프레더릭 웨덤Frederic Wertham
이 쓴 《순수에의 유혹Seduction of the innocent》이라는 책에서 비롯된
것이었다. 웨덤은 이 책을 통해 만화책이 어린 독자들에게 범죄
문제, 비정상적인 성적 관념, 사기와 속임수, 잔인함 등을 심어
준다고 언급했다. 그의 주장에 따르면 배트맨과 원더우먼은 동
성애를 유발하는 히어로이며, 슈퍼맨의 위력은 파시스트적이
다.[4] 그는 그동안 자신이 접해 온 수많은 비행 청소년들 대부분
이 만화를 좋아했다는 점을 근거로 만화가 범죄 소년들을 양산
할 수 있다는 결론을 내렸다.

물론 이러한 주장에는 과대 해석된 면도 적지 않았다. 그러
나 불행히도 많은 부모들이 웨덤의 해석을 곧이곧대로 믿어버
렸고, 곳곳에서 만화 반대 캠페인이 번져 나갔다. 어떤 이들은
만화책을 한데 모아 불을 질러 태워버리기까지 했다. 이로 인해
만화책 판매에 제동이 걸렸으며, 이 여파로 1954년 만화책 검열
위원회가 만들어졌다.

초창기 만화 규정의 핵심 조항 중에는 "모든 만화에서 선은
악을 이기며, 범죄는 잘못된 행동에 따른 처벌을 받아야 한다"

4 Cf. Frederic Wertham, *Seduction of the innocent*, Rinehart & Company, 1954.

는 내용이 포함되어 있었다.[5] 이를 준수하기 위해 '만화출판규제Comics Code Authority'가 만들어졌고, 이에 따라 허가받지 못한 만화들은 출간이 금지되었다. 그러나 확실한 선악 이원론을 고수하며 비교적 폭력성이 약했던 DC의 만화들은 그다지 어렵지 않게 검열을 통과할 수 있었다.

히어로 만화 산업의 싹을 틔운 DC는 머지않아 만화에서 애니메이션으로, 나아가 영화 산업으로 차츰 그 범위를 확장해 갔다. 애니메이션으로 제작된 『저스티스 리그 오브 아메리카』의 성공에 뒤이어, 1970~80년대에 기획된 영화 『슈퍼맨』 시리즈의 흥행과 TV 드라마 『원더우먼』의 인기로 힘을 받은 DC의 독주는 단연 돋보였다. 게다가 팀 버튼Tim Burton 감독의 영화 『배트맨』으로 이어지는 흥행세로 가히 그 시대의 DC는 앞으로도 영원할 듯이 보였다. 그 사실을 증명하듯, DC는 1969년부터 영화사인 워너 브라더스 엔터테인먼트와 손잡고 지금에 이르렀다.

나아가 이러한 DC의 위세에 확실한 방점을 찍어 줄 결정적 계기가 생겼으니, 그것은 히어로 만화계의 빅뱅에 뒤이어 DC가 다시 한 번 야기하게 될 또 하나의 빅뱅, 즉 히어로들을 주제로

5 마크 웨이드 외, *op. cit.*, p.252.

한 그래픽 노블Graphic Novel의 탄생이다. 이 이야기는 나중을 위해 잠시 미루어 두기로 하자.

2. 마블의 탄생과 성장

DC보다 한발 늦게 만화 산업에 뛰어든 마블사의 전신은 1939년 마틴 굿맨Martin Goodman이라는 출판업자가 설립한 타임리 코믹스Timely Comics이다. DC의 전신 내셔널 얼라이드 퍼블리케이션보다 5년쯤 늦게 등장한 타임리 코믹스는 1940~1950년대에 이르러 '아틀라스 코믹스Atlas Comics'라고 불리다가 1961년에 비로소 '마블Marvel'이라는 이름으로 정착했다.

타임리 코믹스는 비록 후발 주자이기는 했으나 경쟁사에 뒤지지 않는 만화 캐릭터들을 제작하기 시작한다. 마틴 굿맨은 당시 무명 작가였던 빌 에버렛Bill Everett과 칼 버고스Carl Burgos를 영입했다. 이때 탄생한 마블 초창기의 슈퍼 히어로들이 바로 네이

머(서브 마리너)와 사고뭉치 안드로이드 휴먼 토치(『판타스틱 포』에
등장하는 휴먼 토치와는 다른 캐릭터)이다. 1939년 8월, 이 캐릭터들이
주인공으로 등장한 〈마블 코믹스〉 1권은 9월 한 달에만 8만 권
이상 판매되었고, 전체 판매량은 80만 부에 육박했다. 이는 경
쟁사 DC의 《슈퍼맨》이 이룩한 성과를 앞지르는 것이었다.[6]

이후 굿맨은 경험 많은 프리랜서 작가 조 사이먼Joe Simon에게
작가 자리를 제안했고, 함께 작업에 참여했던 일러스트레이터
잭 커비Jack Kirby를 작화가로 기용한다. 조 사이먼과 잭 커비는 2
인 작업 방식을 고수하며 타임리 코믹스의 새로운 환경을 만들
어 나갔다. 그리고 머지않아 그들은 '캡틴 아메리카'라는 캐릭터
를 탄생시킨다. 1940년 12월 20일, 〈캡틴 아메리카〉 1편은 슈퍼
맨에 맞먹는 판매량을 기록했다. 타임리 코믹스는 이를 계기로
일약 인기 만화 출판사로 급부상하게 된다.[7]

하지만 이처럼 DC와의 끊임없는 경쟁 구도 속에서 현재의 마
블을 있게 한 공적은 역시 1960년대부터 마블의 세계를 구축하
는 데 결정적으로 기여한 두 사람, 즉 만화 시나리오 작가였던

---

6 밥 배철러, 《더 마블 맨》, 송근아 옮김, 한국경제신문, 2019, pp.76-77.

7 *Ibid.*, pp.79-80.

스탠 리와 작화가 잭 커비에게 돌려야 할 것이다.

젊은 시절부터 타임리 코믹스에서 이력을 쌓아 온 스탠 리는 전성기 마블 히어로 스토리를 담당하기에 이른다. 스탠 리와 잭 커비는 함께 작품의 전개 과정을 고민했고, 스토리텔링과 이야기 구성, 시각적 표현을 모두 섞은 새로운 작법인 '마블 작법Marvel Method'으로 마블 코믹스를 더욱 흥미진진하게 만들었다. '마블 작법'이란 텔레비전 방송이나 할리우드 시나리오 작가들이 사용하던 방법과 비슷한데, 중심 아이디어를 놓고 작가 여럿이 모여 논쟁하고 대화하면서 이야기를 쌓아나가는 방식이다. 이러한 작법은 마블의 이야기에 깊이와 뉘앙스를 더해 주는 데에 효과적이었을 뿐만 아니라, 이른바 마블만의 스타일을 구축하는 데에 일조했다.

사실 이러한 작업 방식은 일러스트레이터들에게 계속 일을 줄 방법을 고민하던 끝에 만들어진 것이었다. 이후 스탠 리는 잭 커비, 스티브 딧코Steve Ditko, 그리고 다른 동료들과 함께 회사를 마치 만화책을 위한 대학처럼 만들어 다음 세대들에게까지 이야기를 만들고 확장하는 이 '마블 작법'을 가르쳤다.[8]

마블의 스토리를 담당했던 스탠 리는 어린 시절부터 위대한

---

8 *Ibid.*, p.153, p.215, p.227 참고.

소설가가 되는 것이 꿈이었으며, 자신이 만화 작가라는 데에 부끄러움을 느끼기도 했다고 고백한 바 있다. 사실 스탠 리라는 필명(그의 본명은 스탠리 마틴 리버Stanley Martin Lieber이다) 역시 훗날 소설가가 되었을 때 사용하려고 했던 이름이었다. 하지만 이 이름은 타임리 코믹스에서 조수로 일하던 그가 〈캡틴 아메리카〉 3편인 '캡틴 아메리카, 배신자의 복수를 꿈꾸다'편을 통해 처음으로 데뷔하게 되면서 알려진다.

비록 소설가가 되겠다는 꿈은 이루지 못했지만, 스탠 리가 가진 문학에 대한 지식과 감수성은 당시에 한창 부상하던 만화라는 매체 속에서 더욱 자유롭게 펼쳐질 수 있었다. 스탠 리는 어린 시절 셰익스피어William Shakespeare를 소리 내어 읽기를 즐겼을 뿐만 아니라 에드거 앨런 포Edgar Allan Poe의 소설과 아서 코난 도일Arthur Conan Doyle의 《셜록 홈스Sherlock Holmes》 시리즈, 알렉상드르 뒤마Alexandre Dumas의 영웅 소설을 탐독하기도 했다. 특히나 영화를 좋아해 이야기의 리듬과 속도에 대해 파악할 줄 알았던 그는 자신의 이러한 재능을 마침내 슈퍼 히어로 작법 스타일로 고착시켰다.[9]

---

[9] *Ibid.*, p.82, p.211.

1960년대 마블 코믹스는 DC가 물꼬를 텄던 슈퍼 히어로의 '황금시대'보다 더욱 왕성하게 새로운 히어로 캐릭터를 선보이며 만화계의 '은시대The Silver Age of Comics (1956~1970년대 초)'를 주도해 나갔다. 마블의 황금기는 오히려 이 시기였다고 할 수 있다. 어쩌면 마블은 만화업계의 선배인 DC의 시행착오를 관망하며 그 시작부터 다른 방향을 고수할 필요를 느꼈는지도 모른다. 그리고 여기서부터 분기된 양자 간의 차이는 오랜 기간 DC와 마블의 정체성을 확고히 하는 데에 일조했다.

선천적으로 초자연적인 능력을 지닌 DC의 영웅들과는 달리 마블의 영웅들은 대부분 (천둥의 신 토르를 제외하고는) 선천적 능력을 지녔다기보다는 불의의 사고로 초자연적 능력을 갖게 된 인간들이다. 다시 말해 그들은 자신도 모르게 히어로가 '되어버린' 인물들이다.

신화학자 조지프 캠벨은 영웅의 유형을 크게 두 가지로 구분한다. 첫 번째는 "자기 스스로 여행을 택한" 영웅들이다. 이들은 자신의 모험에 있어 뚜렷한 목표—이를테면 가족이나 애인을 찾기 위함이라던가, 괴물을 퇴치해 과업을 완수하기 위함이라던가—를 가지고 있다. 반면 두 번째 유형의 영웅들은 이른바 "던져지는 여행"을 하는 자들이다. 이들은 자신의 의지와는 상관없이 생사의 갈림길을 경험하며, 제복을 입어야 하고(슈퍼 히어로의 코스튬에 비견될 만 하다), 기존의 자신과는 다른 인간이 된다.[10]

마블의 히어로들은 캠벨이 언급한 두 번째 유형의 영웅들에 속할 것이다. 스파이더맨은 우연히 방사능에 오염된 거미에 물렸고, 헐크는 우연히 감마선에 노출되었으며, 엑스맨의 선천적인 능력은 초자연적 힘이 아닌 돌연변이성 능력이기에 주로 사춘기를 기점으로 드러난다. 아이언맨은 신체적 약점을 지닌 영웅이며, 캡틴 아메리카 역시 슈퍼 혈청을 주입하는 인위적인 방식으로 본디 허약했던 육체가 인간 병기화된 경우이다. 닥터 스트레인지 역시 우연한 사고를 계기로 초자연적 마법의 세계에 입문하게 된다. 블랙 팬서는 와칸다라는 한 왕국의 왕이자 비브라늄과 최신 테크놀로지로 무장한 영웅이지만, 어디까지나 인간에 불과하다. 심지어 데어데블은 방사능 유해 물질로 인해 시력을 상실했지만, 이 사고로 인해 시각을 제외한 다른 감각들이 극도로 발달한 시각 장애인 히어로이다. 이들은 모두 예기치 않게 히어로의 임무를 맡게 되고, 그에 따른 난관을 극복해 나간다.

---

10 조지프 캠벨, 빌 모이어스,《신화의 힘》, 이윤기 옮김, 21세기북스, 2020, p.238.

다른 한편, 마블의 캐릭터들을 영웅으로 만든 다양한 과학적 불상사들은 또한 마블 특유의 '테크노배블Technobabble'을 창조해냈다. 테크노배블이란 쉽게 말해 일종의 '과학적 횡설수설'을 뜻한다. 다시 말해 그 용어는 미래의 것이든, 외계의 것이든, 기원을 알 수 없는 것이든 간에 모든 기이한 기술을 지칭할 때 쓰는 말이다.[11] 무엇인가 기술적인 것과 연관이 있어야 하고, 어느 정도 설득력이 있어야 하지만 반드시 과학적으로 증명될 필요는 없다. 슈퍼 히어로 만화 속의 과학적 용어들이 상당 부분 이러한 테크노배블에 의존하고 있음은 어쩌면 자연스러운 일이지만, 마블의 경우에는 더욱 빈번했다. 스탠 리는 브루스 배너가 노출된 '감마선'이 무엇이냐는 마틴 굿맨의 질문에 "그저 그럴 듯해 보여서"라는 대답으로 일축했다고 전해진다.[12]

바로 이 대답 속에 마블이 즐겨 사용하던 테크노배블의 본질이 숨어있다. 슈퍼 히어로들이 지닌 초능력에 대한 설명이나 과학자의 신분으로 히어로가 된 인물들이 행하는 실험들 역시 상당수가 테크노배블에 기초한다. 마블이 DC보다 이를 적극적으

11 로이스 그레시, 로버트 와인버그, *op. cit.*, p.63.

12 스탠 리, 피터 데이비드, 콜린 도란, 《마블의 아버지 스탠 리 회고록》, 안혜리 옮김, 영진닷컴, 2017, p.74.

로 활용한 까닭은 과학적 신빙성보다 스토리에 중점을 두었기 때문이다. 실제로 경쟁사인 DC 코믹스의 편집자들은 대부분이 뿌리 깊은 공상과학 마니아들이었고 과학 지향적이었다. 때문에 그들은 어떻게 해야 만화에서 과학적인 요소들을 호소력 있게 다룰 수 있을지 잘 알고 있었다. 반면 마블은 과학적 사실성보다는 독자들을 사로잡을 재미있는 '이야기' 자체에 집중했다.

이처럼 다양한 사건으로 말미암아 영웅이 된 마블의 캐릭터들은 평범한 인간으로 살다가 한순간에 초인적인 능력을 얻었기 때문에 항상 정체성에 혼란을 느끼며 괴로워한다. 나는 과연 평범한 인간인가? 초자연적 존재인가? 어쩌면 나는 괴물이 아닐까? 선과 악의 갈림길에서 오직 정의를 선택하기만 하면 되었던 히어로물에 이른바 '히어로로서의 자기 정체성'이라는 새로운 문제가 제기된 것이다. 그들은 예전의 영웅들과는 달리 인간적인 결점을 지닌 채 히어로로서의 위치를 고심해야 했다.

뿐만 아니라 마블 히어로들의 주 무대는 가상의 공간이 아닌 뉴욕이다. 실제로 존재하는 도시 속에서 벌어지는 히어로들의 이야기는 독자들에게 언제든 그들을 만날지도 모른다는 기대감과 친숙함을 선사했다. 또한 다른 세계의 존재처럼 여겨지는 DC의 초월적 영웅들과는 달리, 우리와 같은 공간 간에서 현실적 고민을 짊어진 채 고뇌하는 불완전한 마블의 영웅들에게 독자들은 강한 연민을 느꼈다. 히어로들의 약점은 도리어 독자들의 공감을 자아냈고, 청소년들뿐만 아니라 성인 독자들까지를 포섭하는 계기가 되었다. 마치 신화 속 영웅들이 겪는 시련과 고통이 이야기를 더욱 극적으로 만들고, 우리로 하여금 그들을 더욱 사랑하게 만들어 주듯이. 이처럼 독자적이면서도 일관된 노선으로 캐릭터들을 창조하는 데에 있어 신화와 문학에 심취했던 스탠 리의 필력이 일조했음은 자명하다. 1960년대에 마블은 그 어느 때보다도 많은 사랑을 받았다. 지금까지 이어지는 어벤져스의 활약 또한 이때 창조된 히어로들로 말미암은 것이다.

그러나 경쟁사 DC의 아성은 생각보다 높았다. 은시대의 시작과 더불어 새롭게 선보인 영웅 플래시가 성공을 거두면서 DC는 그린 랜턴이나 호크맨과 같은 예전의 영웅들을 불러들였다. 또한 TV의 보급과 더불어 일찍이 만화에서 애니메이션으로 방향을 잡은 DC의 흥행세는 계속 이어졌다. 게다가 앞서 언급했듯 1950년대에는 만화 검열의 열풍이 불었다. 외계 행성이나 가상의 도시에서 활약하는 DC의 히어로들에 비해 상대적으로 실제 세계 속에서 벌어지는 현실적인 문제로 부대껴야 했던 마블의 히어로들에게는 소재상 제약이 많았고, 이 때문에 마블의 만화는 빈번히 검열의 도마에 올랐다. 연이은 DC 애니메이션과 영화의 흥행세에 밀려 1970~1980년대의 마블 시장은 좀처럼 DC의 위세를 쉽사리 따라잡을 수 없을 것처럼 보였다. 게다가 1990년 DC의 영화 흥행을 의식하며 제작한 영화『캡틴 아메리카』는 저예산 졸작 영화로 낙인찍히며 흥행에 참패했다.

2000년대에 접어들어 컴퓨터 그래픽 기술 및 영화 속 특수효과가 히어로물에 적합한 수준에 이르기 시작하고, 상당한 예산을 투입해 제작한 영화『엑스맨』이 흥행을 거두면서 비로소 마블이 DC를 역전할 조짐을 보인다. 이후 선보인『엑스맨』시리즈의 연이은 흥행으로 말미암아 마블의 영화 제작 사업은 한층 탄력을 받았다. 경쟁사 DC의 영화가 점차 하락세를 보이면서 마블의 비상은 더욱 주목받았다. 뒤이어『헐크』와『스파이더맨』,『아이언맨』시리즈의 연이은 성공으로 인해 현재의 명성과 인기를 얻게 된 마블은『어벤져스』시리즈를 선보이며 각각의 임무를 독자적으로 수행해 온 영웅들을 비로소 한데 모았다.

본격적으로 마블 시네마틱 유니버스Marvel Cinematic Universe(MCU)가 시동을 건 것은 영화『아이언맨』을 처음 선보였던 2008년부터로 간주된다. 이때부터 시작된 MCU란 마블 만화의 세계관을 그대로 재현한 것이라기보다는 마블 산하의 캐릭터들이 영화와 드라마를 통해 공유하는 세계를 일컫는다고 보는 편이 정확하다. 만화의 세계인 마블 코믹(스) 유니버스Marvel Comic(s) Universe는 자연히 이와 별개의 세계로, 점차 하나의 세계이자 우주Uni-verse로부터 다중 세계 혹은 다중 우주Multi-verse로 확장되기에 이 두 개의 MCU는 종종 구분된다.

마블은 이로써 출판시장을 넘어 현대의 멀티미디어 콘텐츠 복합체로 성장을 거듭해 왔다. 이에 가장 큰 공헌을 한 것은 그래픽 노블이라는 명성하에 쇄신된 만화의 새로운 스타일과 형식뿐만 아니라, 나날이 발전해 가는 시각적 특수 효과 기법, 그로 인해 히어로들의 초자연적 위력을 한층 부각시킨 영화 매체로서의 MCU였다. 이러한 시류에 부응하듯, 마블 시네마틱 유니버스가 형성된 직후인 2009년, 월트 디즈니는 40억 달러에 마블 엔터테인먼트를 인수했다.

마블학의 시작

: 그래픽 노블의 부상과 슈퍼 히어로

혹자는 '어떻게 만화가 학문의 대상이 될 수 있는가?'라는 의문을 제기할지 모른다. 마블학을 다루려는 이 책에서 만화 매체 자체에 대한 근원적인 논의에 굳이 많은 지면을 할애할 의도는 없다. 마블이 만화 매체 전부를 정의한다고 볼 수도 없다. 하지만 적어도 우리가 영화 이전에 만화라는 매체로부터 탄생한 마블의 기원을 묵과하지 않는다면, 그리고 나아가 마블학을 정초하고자 하는 의지에 관심을 가진 독자들을 배려하자면 마블학의 정립 가능성에 대한 최소한의 해명은 필요할 듯하다. 이 해명에 도움을 줄 첫 번째 근거는 '그래픽 노블'이라는 용어에 내재한 의미이다. 그리고 두 번째 근거는 '그래픽 노블'을 대표하는 작품들에 속하는 슈퍼 히어로물의 기여도이다.

1. 그래픽 노블의 부상과 마블학의 정립 가능성

'그래픽 노블'이란 '그림으로 이루어진 소설'을 의미한다. 여
기에는 '글과 그림으로 이루어진 매체'라는 만화의 정의가 내
포되어 있다. 그러나 단지 글과 그림의 조합을 넘어서 여기에는
'노블', 즉 소설이라는 용어가 주는 독자적인 성격이 부가된다.
소설이라는 장르가 지닌 특성을 떠올려 보자. 기본적으로 소설
에는 등장인물이 있고, 인물들 간의 갈등 관계와 역학 관계가 있
으며, 기승전결이라는 이야기의 흐름이 있다. '그래픽 노블'이라
일컫는 만화들 역시 이러한 형식을 갖추어야 할 것이다. 따라서
한 컷에서 네 컷으로 완결되는 시사 풍자만화나 신문 연재만화
는 그래픽 노블이라 부르기엔 다소 무리가 있다. 즉, 그래픽 노블

은 일종의 장편 만화이며, 소설에 버금가는 심도 있는 주제와 그 주제를 이끄는 파격적인 형식을 수반한 만화를 뜻한다.

처음으로 '그래픽 노블'이라는 타이틀을 얻게 된 작품은 프란스 마세릴Frans Masereel이라는 벨기에 만화 작가가 그린《열정적인 여정Passionate Journey》(1919)이라는 흑백 만화였다. 무성 만화의 형식을 취하는 이 작품은 오직 그래픽만으로 이야기가 전개된다. 거친 목판화의 형식으로, 만화의 한 페이지가 곧 한 컷인 이 독특한 작품은 글의 도움 없이 오직 그림만으로 서술 가능하다는 점을 보여 주었다는 점에서 진정한 '그림 소설', 즉 '그래픽 노블'의 출발점이 되었다.

그러나 '글과 그림의 혼합체'라는 보다 기본적인 만화의 정의를 준수하는 입장에서는 윌 아이스너Will Eisner의 《신과의 계약A Contract With God: And Other Tenement Stories》(1978)을 그 기원으로 삼기도 한다. 정확한 기원이 어디서부터이든 간에, 그래픽 노블이라는 용어[13]

46

---

13 '그래픽 노블'이라는 용어에 관해서는 의견이 분분하다. 용어의 차이일 뿐 그래픽 노블 역시 만화의 형식에서 벗어나지 않으며, 오히려 이는 만화의 수준이나 계급을 나누는 역할을 할 뿐 큰 의미를 지니지 않는다는 입장이 있는가 하면, 이 용어가 끼친 파급력으로 인해 만화 매체의 위상이 격상되었다는 긍정적인 입장도 있으며, 이 두 입장은 종종 대립한다. 일례로 만화 시나리오 작가 앨런 무어는 "그래픽 노블은 그저 비싼 만화책일 뿐이며, 형식이나 내용면에서 만화의 독립된 장르라고 인정할 수 없다"며 전자의 입장을 고수하고 있다. 반면 그와 함께 《프롬 헬》의 작화를 작업한 에디 캠벨은 "그래픽 노블은 어떤 형식보다는 운동을 의미한다.

에서 우리가 특히 주목해야 하는 점은 문학과의 상관성이다. 이 용어에 대한 어떤 입장을 취하든, 즉 그것을 '만화'라 부르든 '그래픽 노블'이라 부르든, 이 매체가 우리 시대에 새로운 문학의 역할을 담당하고 있다는 점이 중요하다.

실제로 그래픽 노블의 부상과 그 성장 과정은 소설의 진화 과정과 비슷한 수순을 밟아왔다. 인쇄 매체의 발달로 대중문화의 영역이 구축되고 신문 연재소설이 성행했던 19세기에는 어느 누구도 소설을 정식 문학으로 취급하지 않았다. 그것은 그저 속되고 저급한 통속 문학의 영역으로 치부되었다. 가장 잘 알려진 예로 19세기 작가 오노레 드 발자크Honoré de Balzac의 작품은 그의 인기에도 불구하고 당시 진정한 문학으로 인정받지 못했다. 그렇지만 발자크의 작품들은 소설 매체가 부상하기 시작한 때부터 현재에 이르기까지 가장 많이 연구된 작품에 속하며, 지금은 엄연히 고전의 반열에 올라섰다.

21세기에는 명실공히 만화가 19세기 소설의 역할을 맡고 있다고 해도 과언이 아니다. 우리 시대의 젊은이들은 소설보다는 만

독자들에게 뭔가 당황스러움을 주고 작품을 의미 있는 수준으로 끌어올리는 데에 바로 그 목적이 있다"고 응수하며 그래픽 노블이라는 용어의 의의에 힘을 실어준 바 있다.

화를 자주 접하고, 그 표현 형식과 내용에서 소설이 선사해 주는 것 못지않은 감동을 느낀다. 또한 만화에 있어서도 발자크의 작품을 능가하는 고전들이 존재한다. 만화에 관한 연구서들 역시 꾸준히 증가하고 있다.

움베르토 에코Umberto Eco는 일찍이 "만화의 등장인물이 소설 문화의 창조물"[14]이라는 점에 주목한다. 그에 따르면 만화 속에 등장하는 신화적인 인물, 즉 슈퍼 히어로는 독특한 상황에 처해있다. 이 인물들은 특정 집단의 원형적인 희망을 집약하고 있기 때문에 누구나 쉽게 알아볼 수 있도록 상징적인 면모를 지녀야 한다(에코는 여기서 슈퍼맨을 예로 든다). 게다가 소설을 소비하는 대중들이 "소설적으로" 받아들일 수 있어야 하기 때문에 소설에서 특징적으로 나타나는 이야기의 전개 방식을 따르지 않으면 안된다.[15] 아마도 마블 영웅들의 아버지 스탠 리는 에코의 이러한 가르침을 누구보다도 충실히 따른 스토리 작가였을 것이다.

스탠 리는 1960년대에 마블 코믹스의 캐릭터를 창조하는 과정에서 기존의 히어로물들과는 다른 방식으로 이야기를 전개해

14 움베르토 에코, *op. cit.*, p.66.

15 *Ibid.*, p.68.

나갔다. 히어로들의 초인적인 능력 이면에 자리한 현실적인 문제들을 다루는 한편, 과감하게도 이 개성 강한 히어로들의 이야기를 계속 이어나가는 방식을 취한 것이다. 기존의 만화들은 연재만화라 할지라도 단편소설처럼 회당 하나의 에피소드를 마무리 짓는 방식이 대부분이었다. 그러나 스탠 리는 마치 신문 연재소설처럼 완성되지 않은 이야기를 과감히 다음으로 미루었다. 특히 영웅들과 대적하던 악당을 탈출시킴으로써 이야기를 끝내는 방식은 기존의 만화에서는 볼 수 없던 마무리였다. 게다가 스탠 리와 잭 커비는 만화 속 주인공들의 숨겨진 사연을 매회 조금씩 공개하며 독자들이 끊임없이 다음 편을 기대하게 만들었다. 그것은 마치 "만화로 된 연속극"[16] 같았으며 독자들 역시 그 형식을 좋아했다.

49

더욱 흥미로운 사실은 마치 발자크가 《인간 희극La Comédie humaine》이라는 작품을 통해 자신의 다른 소설 속 등장인물들을 서로 만나게 하는 '재등장 기법'을 처음으로 사용했듯이, 스탠 리 역시 슈퍼 히어로 만화 속에서 이러한 소설의 형식을 실험했다는 점이다. 만화 〈헐크Hulk〉 시리즈에 울버린이 처음 등장하는가 하면, 블랙 팬서는 〈판타스틱 포Fantastic Four〉 시리즈를 통해 데

16　로버트 와인버그, 로이스 그레시, *op. cit.*, p.57.

뷔했다. 마블학이 가능한 이유 역시 마블의 아버지인 스탠 리가 만화에 적용시킨 이러한 소설의 형식에 기인한다고 볼 수 있다. '그래픽 노블'이라는 용어가 정식으로 등장하기 이전에 이미 스탠 리는 이처럼 히어로 만화에 문학적인 요소들을 접목시킨 바 있다.

하지만 그래픽 노블이라는 용어가 본격적으로 상용화된 것은 1986년 《쥐Maus》, 《배트맨: 다크 나이트 리턴즈》, 《왓치맨》, 이 세 편의 작품이 혜성처럼 등장하면서부터다. 1986년은 만화 역사상 르네상스기에 비견될 만큼 이례적인 해였다. 이때 출간된 세 작품은 그간 진화해 온 만화 매체의 장점을 최대한 활용하면서 기존의 만화들이 답습했던 틀을 완전히 탈피한 새로운 주제와 전개 방식으로 독자들의 마음을 단번에 사로잡았다. 아니, 그것은 일종의 충격이었다고 말하는 편이 보다 더 정확하다.

1986년 8월에 출간된 《쥐》는 아트 슈피겔만Art Spiegelman이 2차 세계 대전 중 아우슈비츠에서 살아남은 자신의 아버지가 겪은 참상을 그려낸 만화이다. 홀로코스트의 비극을 겪은 폴란드계 유대인 블라덱 슈피겔만의 경험을 과거와 현재를 오가는 형식으로 구성한 수작으로, 독일인을 고양이로, 두려움에 떠는 유대인을 쥐로 묘사하며 우화 형식을 취했다. 이 만화는 현재 작가의 삶과 아버지의 과거 삶을 교차시킴으로써 역사적 과오가 남긴 상처가 현대에 미치는 영향력을 현실적으로 표현했다. 또한 초기 그림 소설을 연상시키는 거친 흑백 목판화 스타일을 통해 아우슈비츠에서의 고통을 독자들에게 생생하게 전달해 주고 있다. 만화로서의 형식미 또한 뛰어났던 이 작품은 1992년 만화로서는 처음으로 언론과 보도 분야에서 뛰어난 작품에 수여하는 퓰리처상 특별상을 수상했다. 이를 계기로 《쥐》는 만화가 다룰 수 있는 주제와 형식을 한층 확장시켰을 뿐만 아니라, 만화 매체의 새로운 가능성을 보여준 그래픽 노블로 간주된다.

51

1986년 2~6월간 이슈 형식으로 발간되었던 《배트맨: 다크 나이트 리턴즈》는 프랭크 밀러Frank Miller, 클라우스 잰슨Klaus Janson, 린 발리Lynn Varley의 합작으로 탄생한 작품이다. 이 작품은 DC가 주도했던 황금시대와 마블이 강세였던 은시대를 거쳐 히어로 만화의 '다크 에이지The Dark Age of Comics'를 열어젖힌 작품이기도 하다.

은퇴했던 영웅 배트맨이 무려 55세의 고령으로 타락한 고담시의 악과 다시금 대적하고자 복귀하는 내용을 다룬 이 만화는 배트맨의 자경단으로서의 고뇌와 개인적인 트라우마, 그리

II. 마블학의 시작: 그래픽 노블의 부상과 슈퍼 히어로

고 그의 활동에 대한 대중들과 언론의 반응, 정부와 공권력 간의 정치적인 알력 등 기존의 히어로물에서 다루지 않았던 현실적이고 암울한 측면들을 부각시켰다.《배트맨: 다크 나이트 리턴즈》는 1980년대 점차 하락세를 보이던 히어로물의 약세와 그간 DC 내에서 큰 반향을 이끌지 못했던 배트맨을 다크 히어로로 쇄신시키며 배트맨의 복귀를 성공적으로 이끈 획기적인 작품이다. 1987년 만화 분야의 권위 있는 상으로 알려진 이글상과 커비상을 수상하며 그 가치를 증명한 바 있다.

앨런 무어는 작화가 데이브 기본즈^{Dave Gibbons}와 1986년 9월부터 1987년 10월까지 만화《왓치맨》시리즈를 연재했다. 이 작품은 DC에서 출간되었지만 주인공들은 왠지 마블의 히어로들을 닮아있다. 그들은 초인적인 능력을 갖추었다기보다는 정의를 구현하고자 하는 열정을 갖고 히어로 슈트를 입은 평범한 인간에 불과하다. 이들 중 초인적인 능력을 지닌 채 태어난 히어로는 단 한 명도 없으며, 오직 '닥터 맨하튼'이라 불리는 한 사람만이—마치 마블의 영웅들처럼— 불의의 사고로 거의 신에 가까운 초능력을 얻었다.

이 작품은 기존의 히어로들이 지니고 있던 정의와 윤리에 파문을 일으켰다. 히어로들이 항상 정의롭지 않을 수 있다는 것,

평범한 인간이 히어로보다 더한 정의감을 지닐 수 있다는 것, 정부와 권력이 히어로들에게 미치는 영향, 정의에 대한 인간적인 관점 및 우주적인 관점 등 이 작품 속에는 철학적인 질문과 문학적 표현들로 가득하다. 이 주제를 전개시키며 두 작가가 보여 준 형식의 파격성 역시 이전과는 다른 차원의 것이었다. 영국 BBC는 《왓치맨》의 등장을 "만화가 성장한 순간"이라 평했다. 《왓치맨》은 1988년 만화에 수여하는 아이스너상과 공상과학 문학 분야에 수여하는 휴고상을 받았으며, 2005년 〈타임Time〉 매거진은 《왓치맨》을 '1923년부터 현재까지 가장 훌륭한 100편의 소설' 목록에 등극시켰다. 이로써 만화는 명실상부한 그래픽 노블, 즉 진정한 문학의 반열에 오른 것이다.

53

그래픽 노블의 신호탄이 된 세 작품 중 두 편이 슈퍼 히어로 물이라는 점에 주목하자. 어쩌면 이 점이 마블학을 정립시키는 데에 중요한 단서를 제공해 줄 수 있다. 더하여 앞서 슈퍼 히어로 만화가 소설의 전개 방식을 따라야 한다는 에코의 설명 역시 이로써 충분히 입증되었다. 이 같은 사실들로 미루어 우리는 다음과 같이 질문해 볼 수 있다.

"그렇다면 《배트맨: 다크 나이트 리턴즈》와 《왓치맨》이 일종의 소설로, 나아가 문학으로 간주될 수 있었던 것은 무엇 때문이었을까?"

"어떤 요소들이 슈퍼 히어로물을 그래픽 노블이게 하는가?"

"히어로물들이 제기할 수 있는 철학적 논의란 어떤 것들일까?"

이 질문에 답할 수 있다면 마블학은 어느 정도 윤곽을 갖출 수 있을 것이다. 바로 지금부터 이 질문에 답해 보고자 한다.

2. 슈퍼 히어로라는 존재와
   그들의 임무

《배트맨: 다크 나이트 리턴즈》와 《왓치맨》이 그래픽 노블이라 는 명칭을 얻으며 히어로물의 새 역사를 열었다는 점을 증명하기 위해서는 기존의 슈퍼 히어로 만화와 두 작품 간의 차이점에 주목해야 한다. 그 차이점은 슈퍼 히어로라는 존재를 판단하는 윤리적 규준의 차이, 정의 구현 방식의 차이, 과거와 현대의 가치관의 차이 등에 기인한다. 기존의 히어로와 현대의 히어로 간에는 물론 공통점도 있다. 대부분 슈퍼 히어로가 주인공이라는 점과 그들이 자신이 옳다고 믿는 '정의'를 기준으로 행동한다는 점이 그것이다.

그렇다면 히어로들은 과연 그 힘을 어떻게 사용해야 할까? 우리에게 슈퍼 히어로라는 존재는 어떤 의미일까? 이 근본적인 질문들로부터 시작해 보자.

　'영웅'은 고대 그리스시대부터 내려오는 단어로, 사전적 정의에 따르면 '신의 사랑을 받아 초인적인 능력을 가진 사람'을 뜻한다. 혹은 '전쟁에서 공적을 세운 전사', '커다란 업적을 남겼거나 고결한 면모를 보임으로써 존경받는 사람'을 의미하기도 한다.[17] 이 세 가지 정의를 따라가다 보면 흥미로운 측면이 발견된다. 첫 정의에서는 영웅의 '초인적인 특성'이 전제되고 있지만, 두 번째와 세 번째 정의에 가까워질수록 인간적인 가치, 즉 인간으로서의 윤리적인 면모가 영웅의 기준이 되고 있다. 그리고 현재 우리가 논의하고자 하는 대상인 '슈퍼 히어로'라는 존재의 모습은 바로 이 세 가지 정의를 모두 갖춘 형태의 영웅이다. 즉 그들은 그것이 우연에 의한 것이든, 혹은 타고난 것이든 간에 초인적인 능력을 지니고 있으며, 또한 인간적인 윤리의 규범이 되는 자들이다.

56

17　마크 웨이드 외, *op. cit.*, p.31.

슈퍼 히어로의 정의관 혹은 귀게스의 반지

이토록 특별한 능력을 지닌 슈퍼 히어로의 윤리에 관한 문제는 플라톤Platon의 저서인 《국가Politeia》 제2권 357a~383c에서 처음으로 제기된다.[18] 앞서 언급했듯 그리스시대는 영웅이라는 용어의 의미가 정립된 시기이기도 하다.

《국가》에는 글라우콘Glaucon이라는 인물이 등장한다. 그는 정의의 본성과 기원에 대해 의문을 제기하며 소크라테스Socrates와 논쟁을 벌인다. 그에 따르면, 정의를 실행하는 사람들은 불의를 행할 힘이 없어 마지못해 그러는 것일 뿐, 정의를 좋은 것이라 여겨 그런 행동을 하는 것은 아니다. 현실에서는 정의롭지 않은 자가 올바른 사람보다 더 나은 삶을 살기 때문이다. 그런데 왜 정의가 불의보다 바람직하다는 것인가? 만일 올바른 사람과 불의한 사람에게 각각 그들이 원하는 만큼의 자유와 힘을 준다면, 올바른 사람 역시 불의한 사람처럼 행동하리란 것이 글라우콘의 생각이다.

이 주장을 뒷받침하기 위해 글라우콘은 리디아의 왕 귀게스의 조상 이야기를 예로 든다. 그는 당시 리디아의 왕에게 고용된 양치기였는데, 어느 날 그가 양 떼를 치던 곳에 큰비가 내리

---

[18] 플라톤, 《국가》, 천병희 옮김, 숲, 2019, pp.88-143.

고 지진이 일어 땅이 갈라지고 말았다. 양치기가 갈라진 땅의 틈으로 내려가 보니, 그곳에 커다란 시신 한 구가 나체로 누워 있는데, 그가 지닌 것이라고는 손가락에 낀 금반지가 전부였다. 양치기는 그 금반지를 빼내어 밖으로 나왔다. 그가 반지를 끼고 우연히 반지 속 보석을 손바닥 쪽으로 돌리자 그는 더 이상 사람들의 눈에 띄지 않았다. 그리고 반지를 다시 반대편으로 돌리자 사람들이 볼 수 있는 상태로 되돌아왔다. 이후 그는 이 반지의 힘을 빌려 왕궁 안으로 들어가 왕비와 간통하고, 왕비의 도움으로 왕을 공격해 살해한 뒤 왕권을 차지해 버렸다.[19]

글라우콘은 이 일화를 통해 '정의란 무엇인가'에 관해 묻는다. 만약 그런 반지가 두 개가 있어 하나는 올바른 사람이, 다른 하나는 불의한 사람이 꼈다고 가정해 보자. 글라우콘의 주장에 따르면 이들에게 반지의 힘이 주어진 이상, 올바른 사람과 불의한 자 간의 행동에는 아무런 차이가 없을 것이다. 그리고 이것이야말로, 누구든 정의가 올바른 것이기에 자진해서 행한다는 건 거짓임을 알려주는 강력한 증거이다. 불의를 행할 힘이 있다면 인간은 정의가 아닌 불의를 택하게 되어있다. 그것이 보다 많은

---

19 이 일화는 후일 톨킨의 소설 《반지의 제왕》과 허버트 조지 웰스의 《투명인간》의 모티브가 된다.

이익을 가져다주기 때문이다. 만일 이런 절대적 힘을 지니고도 남의 재물에 손대지 않거나 정의를 행한다면, 그것은 바보 같은 짓이 될 것이다.

더 나아가 글라우콘은 법이나 정의란 무능력한 약자들이 살아남기 위한 자구책이며, 귀게스의 반지를 소유한 사람은 법을 지킬 필요가 없을 것이라 주장한다. 그에게 있어 합법적인 정의란 "불의를 행하고도 벌 받지 않는 가장 바람직한 경우와 불의를 당하고도 보복하지 못하는 가장 바람직하지 못한 경우의 절충안"[20]에 지나지 않는다. 따라서 능력이 있다면 굳이 약자들을 위해 만들어진 법을 준수할 필요가 없으며, 자신의 이익에 따라 행동하면 그만이다.

이처럼 글라우콘은 인간이 선한 삶을 살도록 노력해야 하며, 그저 겉으로만 선한 척해서는 안 된다는 소크라테스의 의견에 반견을 내세운다. 그는 소크라테스가 자신의 의견을 관철시키고자 한다면 다음과 같은 사실을 입증해야만 한다고 주장한다.

여기 진정으로 정의롭지만 타인에게는 정의롭지 못하다고 여겨지는 사람이 있다고 가정해 보자. 그리고 다른 한편에는 정의롭지 못하지만 사람들 사이에서는 정의롭다고 평판이 나 있는

---

20 플라톤, *op. cit.*, 359a-b, p.91.

사람이 있다고 하자. 소크라테스는 이들 중 전자의 삶이 후자의 삶보다 훌륭하다는 점을 증명해야만 한다. 즉, 정의의 결과뿐 아니라 정의의 본성이 왜 최고선 중 하나인지를 입증해야만 하는 것이다.

소크라테스는 글라우콘의 반견을 받아들이고 다음과 같이 주장한다. 정의를 실천하는 사람은 설령 자신의 선행에 대한 보상을 받지 못하는 일이 있더라도 불의한 사람보다 더욱 행복할 것이라고. 만약 정의롭지 못한 자가 성공하거나 악행에 따른 어떠한 처벌조차 받지 않는다 하더라도 말이다. 선한 것은 그 어떤 것도 전혀 해롭지 않으며, 어떤 것을 해하거나 나쁜 짓을 할 수 없고, 따라서 악의 원인이 될 수 없기에 이롭다. 따라서 선은 좋은 것의 원인이자 행복의 원인이다.

이처럼 선에 기반한 정의 또한 자신의 존재를 통해 여러 좋은 것들을 나누어 주며, 정의를 진심으로 받아들이는 자들을 속이지 않는다는 사실을 소크라테스는 증명해 나간다. 그것은 도덕이 겉으로 보이는 형상을 넘어서 우주의 본질적 특성을 반영하고 있기 때문이다. 확고하게 선한 삶을 추구하는 사람은 심오하고도 영원불변한 진리를 추구하는 사람이다. 만일 이성이 쾌락에 대한 본능과 욕구를 통제할 수 있다면, 우리는 결코 명예나 권력을 얻고자 영혼의 참된 기쁨을 포기하지 않을 것이다. 결국 인간은 선한 삶에 관심을 갖고, 지혜와 더불어 정의와 일치되는 삶을 살 때 진정한 행복을 느낄 수 있다.[21]

글라우콘과 소크라테스가 인간의 정의를 두고 벌인 이 모든 사고 실험은 슈퍼 히어로 만화에 끊임없이 등장하는 주제이다. 아마도 글라우콘의 주장에 가장 강한 반견을 표명할 이들은 슈퍼 히어로들일 것이다. '귀게스의 반지' 일화를 통한 글라우콘의 주장은 곧 슈퍼 히어로들의 존재 부정과도 같기 때문이다. 슈퍼 히어로들은 예기치 않게 각자의 '귀게스의 반지'를 얻게 된 존재들이다. 글라우콘은 만일 누군가가 초인적인 능력을 지니게 된다면 분명 선보다는 악을 행하리라 예상했다. 그러나 슈퍼 히어로들은 글라우콘의 이러한 의견이 명백한 오류임을 몸소 증명해 주는 존재들이다. 그들은 자신들에게 주어진 초인적인 능력을 글라우콘이 주장하는 의도와는 정반대의 의도로 사용한다. 슈퍼 히어로들은 스스로 정의로운 사람이 되기를 선택하고, 강제력이 없이도 정의로운 세계를 구현하고자 하는 자발적인 신념에 따라 행동하는 이들이기에 그렇다.

이 논의를 마블의 세계로 연장시켜 보자. 글라우콘의 오류는

---

21 *Ibid.*, 379b-c, 621c-d, pp.132-133, pp.611-612.

타노스라는 존재를 통해서도 명백히 드러난다. 타노스의 인피니티 건틀렛은 최강의 '귀게스의 반지'와도 같다. 글라우콘의 논리에 따르면 타노스는 "불의를 행하고도 벌 받지 않는 자"이므로 가장 바람직한 자이고, 그로 인해 사라진 지구인의 절반은 "불의를 당하고도 보복하지 못하는 자"이므로 가장 바람직하지 못한 자들이라는 의미가 된다. 그렇다면 "너무도 무력해 (타노스가 저지르는) 불의를 두려워할 수밖에 없는 자들의 합의"가 고작 정의(Justice)의 정의(definition)란 말인가?

'무력한 윤리주의자가 되겠는가, 아니면 강력한 반윤리주의자가 되겠는가'를 질문하는 글라우콘에게 히어로들은 이렇게 답할 것이다. 우리는 강력한 윤리주의자가 되겠노라고. 그들의 정의관은 소크라테스의 윤리관에 보다 가깝다. 슈퍼 히어로들은 자신들의 초인적 능력을 인류의 정의를 수호하고 그들의 행복을 보장하기 위해 사용한다. 때로는 그들이 추구하는 정의가 타인들에게 정의롭지 못하게 비추어질지라도.

만화 《마블스》는 히어로들에 대한 일반 대중들의 이러한 반응을 통찰력 있게 그려낸 작품이다. 대중은 자신들의 안위를 보장해 주리란 전제하에 슈퍼 히어로들을 지지하고 사랑한다. 그러나 그들의 영웅적인 이타심을 장시간 마주하면서 점차 평범한 인간으로서 무력감을 느끼고, 마치 자신을 질타하는 듯한 그들의 행위에 서서히 환멸을 느낀다.《배트맨: 다크 나이트 리턴즈》에서 역시 상황은 마찬가지이다. 부패한 고담 시에 십여 년 만에 복귀한 배트맨을 둘러싼 여론은 그다지 호의적이지만은 않다.

슈퍼 히어로들은 분명 정의롭지만, 항시 대중들의 환대를 받는 것만은 아니다. 하지만 그들은 이러한 대중의 반응, 즉 타인들의 평판에 좌우되지 않는 확고한 정의관을 고수한다. 세간에 맞서며 독배를 들었던 소크라테스의 삶이 이를 입증해 주었듯이, 슈퍼 히어로들 또한 이로써 글라우콘의 주장을 벗어난다. 영웅의 면모에는 초인적인 힘뿐만 아니라 숭고한 이타성이 공존하기 때문이다. 그들은 우리의 "도덕적 모범"[22]이 되어준다. 우리가 슈퍼 히어로들에게 기대하는 것은 바로 그들이 초인적 능력을 지녔음에도 결코 부패하지 않을 것이란 믿음이다.

가면의 윤리란 존재하는가?

슈퍼 히어로는 선과 진실, 정의를 옹호하는 사람이다. 그런데 왜 그들이 가면을 써야 할까? 정의를 구현하는 행위가 만천하에

---

[22] 마크 웨이드 외, *op. cit.*, p.44.

공개된다면 도리어 자랑스러운 일이 아닐까? 가면을 쓰고 비밀스럽게 정의를 구현하는 이중생활에 윤리적인 문제는 없을까?

톰 모리스Tom Morris는 슈퍼 히어로들이 신분을 감추기 위해 해야만 하는 거짓말과 속임수가 어떻게 정당화될 수 있을지에 관해 고민한다. 그는 히어로에 관한 논문 〈복면 뒤에는 무엇이 있을까?〉에서 다음과 같이 의견을 개진한다. 거짓말의 본질적인 특성은 분명 잘못된 것이지만, 예외적인 상황에서는 오히려 거짓말이 도덕적으로 정당하며, 때로는 반드시 거짓말을 해야만 하는 경우가 있을 수 있다. 그가 요약하고 있는 경우의 수는 다음과 같다.[23]

첫째, 무고한 사람(가족이나 친지, 동료나 연인)에게 큰 피해가 돌아가는 것을 막기 위해 거짓말이나 속임수가 필요한 경우

둘째, 불필요한 죽음을 막을 유일한 방법이 거짓말이나 속임수인 경우

셋째, 살의를 지닌 적을 죽이거나 심각한 부상을 입히는 대신 속임수를 써서 무장해제 시켜야만 하는 경우

톰 모리스에 따르면, 위의 세 경우에 속할 경우 슈퍼 히어로

---

23 *Ibid.*, pp.376-378.

가 비밀 신분을 유지하기 위해 사용하는 속임수 역시 도덕적으로 정당한 행위로 인정할 수 있다. 히어로들이 쓰는 가면의 역할 또한 이와 연장선상에 있다. 슈퍼 히어로들에게 있어 가면은 단지 은폐의 수단이 아니라, 임무를 완수해야 한다는 책임감을 부여해 주는 그들의 또 다른 페르소나이다.

'귀게스의 반지' 이야기에 나오는, 초인적인 능력을 이용한 악행은 적어도 슈퍼 히어로들에게는 적용되지 않는 이야기다. 글라우콘이 주장했던 초인적인 힘과 부도덕 간의 상관성은 빌런들의 입장에 보다 가까울 것이다. 히어로와 빌런을 구분케 하는 중요한 요소 중 하나는 바로 가면이다. 초인적인 힘을 정의롭게 사용하도록 하는 의무감은 곧 그들의 가면이 만드는 히어로의 정체성에 기인한다. 동시에 히어로들에게 있어 가면이란 정의를 구현하며 발생하는 고난으로부터 스스로를 보호할 권리이기도 하다. 그들은 악한과 빌런들로부터 자신의 가족이나 동료, 연인들을 보호해야 한다.

따라서 복장이나 복면을 통한 히어로들의 독자적인 비밀 유지 방식은 윤리적으로 위배되지 않으며, 오히려 정의 구현을 위해 행동하는 이들의 신변을 보호해 주고 히어로로서의 정체성과 윤리관을 확고히 해 주는 도구가 된다. 이에 대해 톰 모리스는 말한다. "모든 가면은 이것을 쓴 사람에게 일정한 영향력을 남긴다. 또한 우리가 생각하는 것 이상으로 어떤 가면이든 결국에는 현실이 된다. '우리가 누구인가'하는 문제는 곧 '우리는 어떻게 행동해야 하는가'에 관한 문제이다. 또한 '어떤 존재가 될 것인가' 하는 문제는 매일 일상에서 우리가 보여주는 행동의 결과로 결정된다."[24] 히어로의 초능력, 혹은 재력이나 권력이 '귀게스의 반지'가 되지 않을 수 있는 것은 이처럼 가면이 그들에게 부여하는 무거운 책임 때문이다. 히어로들의 정의를 위한 노력은 전적으로 자발적인 선택이므로 그들에게 있어 가면을 벗는다는 것은 자신의 정체성과 무거운 책임감을 포기하는 것과도 같다. 이에 관해서는 IV장에서 보다 자세히 다루게 될 것이다.

히어로 가면의 원형 《쾌걸 조로》

히어로 가면의 원조 격인 영웅은 역시 1919년 존스턴 매컬리 Johnston McCulley가 〈올 스토리 위클리All Story Weekly〉에 연재했던 소설 '카피스트라노의 재앙'의 주인공 쾌걸 조로일 것이다. 매컬리는 권력가 및 재력가로부터 억압받는 민중을 구원하는 마스크를 쓴 영웅을 탄생시켰다. 조로는 이후 배트맨을 비롯해 비밀

---

24 *Ibid.,* p.394.

신분을 지닌 히어로 캐릭터들의 전신이 된 인물이다. 쾌걸 조로
는 가면 쓴 히어로물의 원형임과 동시에 히어로들이 지닌 정의
관의 원형 또한 제시한다. 따라서 우리는 이 인물에 대해 잠시
나마 살펴볼 필요가 있다.

이 이야기의 배경은 미국 캘리포니아주 로스앤젤레스이다.
이곳은 본래 스페인의 식민지였다가 멕시코의 한 주로, 이후 다
시 미국의 영토로 편입된 역사적으로 다난한 지역이다. 소설
《쾌걸 조로The Mark of Zorro》에서는 스페인 식민지 시대, 황무지였던
이 땅을 개척해 농장과 목장으로 일군 수도사들과 이곳을 지배
하는 정치적 권력가들 간의 알력을 주된 테마로 다루고 있다.

이 지역에서 가장 막강하고 고귀한 가문 출신이자 부유한 대
지주의 아들인 '돈 디에고 베가'는 어린 소년이었을 적 군인들
이 원주민들과 이곳에 정착한 수도사들을 괴롭히는 것을 목격
하고 핍박받는 이들을 위해 이중생활을 하기로 결심한다.

그는 평상시에는 유약해 보이기를 자처하지만, 검은 가면과
검은 망토를 두르고 '조로Zorro(스페인어로 여우라는 뜻)'로 변신하는
순간 누구보다 강하고 정의로운 히어로가 된다. 조로는 가난한
사람의 재산을 훔친 관리의 재산을 빼앗고, 원주민을 학대한 잔
인한 자들을 혼내주지만 사람을 죽이지는 않는다. 그는 힘 있는
자들에 의해 법이 악용되고 무고한 이들이 고통받는 것에 분개

67

해 법의 이름으로 부당하게 남의 재산을 강탈하는 자들을 단죄한다. 이는 곧 모두에게 공정하지 않은 법에 대한 응징이자 권력자들의 횡포에 대한 응징이다. 조로는 법의 보호를 받지 못하는 이들을 위해 활동하는 '자경단'의 원조 격 인물이기도 하다.

곧 조로에 대한 수배령이 내려지고, 젊은 귀족들이 조로를 잡기 위해 민병대를 조직하기까지 이르지만, 조로는 도리어 이들을 설득해 압제자의 불의에 맞서게 돕는다. 결국 이 젊은이들은 '응징자들'('어벤져스'의 의미를 연상시키는)이라는 비밀 결사 단체를 만들고, 행동이 필요할 경우 '여우(조로)의 신호'를 기다린다. 그들은 그간 백성들을 수탈해 온 정치가들을 가차없이 몰아낸다. 비록 이들에게 초인적인 능력은 존재하지 않지만, 재력과 권력을 지녔다는 점에서는 힘을 지닌 자들이다. 그러나 '귀게스의 반지'는 이들로 하여금 글라우콘의 주장과 다른 선택을 하도록 만든다. 뿐만 아니라 이들이 응징자들이라는 이름으로 연대하는 대목에서 우리는 슈퍼 히어로들의 연대를 미리 경험한다. 책의 말미에서 돈 디에고가 자신이 조로였음을 밝히며 들려주는 다음과 같은 고백은 매우 흥미롭다.

"나의 반은 여러분 모두가 잘 알고 있는 무기력한 돈 디에고였고 나머지 반은 내가 언제고 되고 싶어 한 카피스트라노의 재앙이었어요. 그러던 중 내가 나설 때가 와서 드디어 활동을 개시했죠. 이건 좀 설명하기가 어려운 대목입니다만 아무튼 망토를 두르고 마스크를 쓰면 나의 돈 디에고적인 측면은 사라져 버렸어요. 내 몸에서는 힘이 넘치고, 혈관에서는 새로운 피가 흐르는 듯하고, 목소리는 우렁차고 확고해졌죠. 온몸이 뜨거운 열정으로 타올랐고요! 그리고 망토를 벗고 마스크를 벗으면 다시 무기력하고 나태한 돈 디에고로 돌아갔어요. 좀 묘하지 않아요? (…) "[25]

정의를 구현하고자 하는 조로의 열정과 힘은 바로 그의 가면(마스크)으로부터 온다. 그리고 히어로에게 있어 마스크란 곧 정체성의 일부이다. 이렇듯 히어로물의 상징인 가면은 소설《쾌걸 조로》로부터 시작되었으며, 히어로들의 정의관과 마스크의 의미는 오랜 기간 이 원형에서 크게 벗어나지 않았다.

조로가 직접적인 영향을 미쳤다고 할 수 있는 대표적인 히어로는 DC의 배트맨이다. 대부분 초인적인 능력을 지닌 DC의 히어로들 중 배트맨은 다소 예외적인 캐릭터이다. 그는 초인적인 능력은 없지만 상당한 재력가라는 점에서 조로와 유사하다. 강

69

---

25 존스턴 매컬리,《쾌걸 조로》, 김훈 옮김, 열린책들, 2009, pp.301-302.

도에 의해 눈앞에서 부모를 잃던 날, 어린 브루스 웨인(배트맨)이 부모님과 함께 극장에서 본 영화가 『쾌걸 조로』였다는 점은 특히 의미심장하다. 조로 이야기는 그가 유년기에 겪었던 두 가지 큰 상처들을 결합시키고, 후일 히어로가 되기로 결심한 데 대한 개연성을 확보해 주는 중요한 장치이다.

브루스 웨인은 어린 시절 우물에 빠져 갇힌 경험이 있다. 그때 그에게 극도의 공포감을 주었던 박쥐의 모습은, 그가 영웅의 삶을 선택한 후 자신의 가면을 박쥐 모양으로 만드는 데에 결정적인 영향을 미쳤다. 배트맨의 가면은 자신이 느꼈던 공포감을 타인에게 투사함으로써 자신을 박쥐처럼 무서운 존재로 보이게 하려는 심리적 방어기제이다.

쾌걸 조로의 검은 가면과 망토가 검은 박쥐 형상을 만드는 데에 영향을 끼쳤으리라는 가정 또한 가능하다. 재력 있는 가문의 자제였다는 데에서 오는 동질감, 부모와 함께 한 마지막 영화의 강렬한 잔상, 그리고 부모를 살해한 강도로 인해 고담시의 범죄 자체를 혐오하게 되는 심리적 인과 관계는 그를 낮에는 거대 기업의 CEO 브루스 웨인으로, 그리고 밤에는 박쥐처럼 고담의 범죄에 맞서 고독하게 싸우는 배트맨으로 살게 했다.

이처럼 슈퍼 히어로물은 꽤 오랜 기간 《쾌걸 조로》와 같은 유형을 답습했다. 이를 통해 슈퍼 히어로라는 존재의 기본적인 가닥이 잡힌 셈이다. 초인적인 힘, 혹은 그에 준하는 또 다른 힘(재력이나 권력)이 수반된 상태, 확고부동한 그들의 윤리의식(다시 말해 정의관), 가면이 그것이다. 이 세 가지 요소가 충족되었다면 그는 슈퍼 히어로라 불릴 만하다.

 슈퍼 히어로는 또한 공권력이 보호해 주지 못하는 이들을 지키는 자경단원이기도 하다. 1980년대까지 슈퍼 히어로들은 거의 모든 대중들의 지지를 받는 편이었으며, 때로는 공권력조차 그들에게 공식적으로 협조하거나 도움을 청했다. 정부 또한 이에 대해 별다른 제재를 가하지 않았고, 슈퍼 히어로들은 그저 불의와 맞서는 데에만 집중하면 되었다. 가면 또한 그들 일부로 간주되었기에 어느 누구도 그에 대한 불만을 토로하지 않았다. 히어로란 우리 모두가 공인한 정의를 위해 한 치의 의심 없이 싸우는 이들을 의미했다. 적어도 슈퍼 히어로물의 역사를 뒤바꾸어 버린 다음의 두 작품이 등장하기 전까지는.

71

3. 모든 것의 시작,
《왓치맨》과
《배트맨: 다크 나이트 리턴즈》

앞서 그래픽 노블의 신호탄이 된 세 작품 중 두 편이 슈퍼 히어로물이었다는 점과 그 두 작품이 DC 코믹스에서 출간되었다는 점을 언급한 바 있다. 그러나 지금부터 시작될 논의에서 DC와 마블의 구분은 크게 중요하지 않다. 주목해야 할 점은 이 두 작품이 슈퍼 히어로물로서 거둔 문학적 성과와 이후 슈퍼 히어로물 전반에 끼친 영향력이다. 정의의 구현에 수반되는 딜레마, 일반 시민과 히어로들의 관점 차이, 자경단으로 활동하는 히어로들의 윤리, 정치적 현실과의 충돌 국면 등의 현실적인 문제가 문학적 내레이션과 만화의 형식을 빌어 심오하게 표현된 작품들이기 때문이다.

비슷한 시기에 출간된 《왓치맨》과 《배트맨: 다크 나이트 리턴즈》는 기존의 슈퍼 히어로 패러다임을 완전히 역전시켰다. 이언 J.스코블Aeon J.Skoble은 자신의 논문 《왓치맨》과 《배트맨: 다크 나이트 리턴즈》에 나타난 슈퍼 히어로 수정주의〉에서 다른 히어로물과 이 두 작품을 구분시켜 주는 차별성에 관해 논한 바 있다.[26] 과연 이 두 작품은 기존 히어로물의 어떤 점을 수정했는가? 어떤 점에서 그토록 독자들을 놀라게 할 수 있었을까? 현재의 마블에 다가서기 위해 우리는 먼저 이 질문들에 답해야 할 것이다.

《왓치맨》과 히어로 수정주의

《왓치맨》의 첫 장은 히어로였던 코미디언(에드워드 블레이크)이 원인 모를 이유로 살해당하는 사건으로부터 시작된다. 그의 옛 동료로는 로어셰크와 나이트 아울, 닥터 맨해튼과 실크 스펙터, 오지맨디아스가 있다. 흥미로운 점은 이 여섯 명의 히어로 중 불의의 사고로 초능력을 얻은 닥터 맨해튼과 비상한 두뇌의 재력가 오지맨디아스를 제외한 나머지는 특별한 능력을 지니지 않았다는 것이다. 따라서 마블의 히어로들과 마찬가지로 우연

---

26 마크 웨이드 외, *op. cit.*, pp.60-80 참고.

히 히어로가 된 닥터 맨해튼을 제외한다면 이들은 엄밀히 말해 DC나 마블 어느 쪽에도 속하지 않은 기이한 집단이라고 할 수 있다. 앞서 제시한 영웅의 세 가지 요건, 즉 '초인적인 힘', '투철한 정의관', '가면(코스튬)' 중 정의관과 가면이라는 두 가지 요소들만을 갖춘 이들인 것이다.

자경단인 히어로들의 활동이 한창이었을 때, 경찰들은 히어로들에게 일자리를 빼앗기고 있다며 시위를 벌였다. 이로 인해 상원 의원 킨이 제안한 긴급 법안이 통과된다. 정부가 일명 '킨 법령'이라 불리는 이 초인 코스튬 등록법안—이후 마블의 작품에서 '초인등록법'이라는 이름으로 문제시될 사안의 원안—을 발족시켜 모든 히어로를 통제하려 하자, 나이트 아울과 오지맨디아스는 히어로의 길을 포기해 버렸다. 반면 찬성파였던 닥터 맨해튼, 실크 스펙터, 그리고 코미디언은 국가의 비호 하에 히어로 활동을 이어가고 있다.

로어셰크는 코미디언 살인 사건에 의문을 품고 옛 동료들을 찾아다니며 사건의 진상을 규명하고자 한다. 그는 어린 시절 학대받은 기억으로 인한 트라우마를 지니고 있으며 이로 인해 심리적으로 불안정해 영웅이 되기에는 힘겨워 보이는 인물이다. 하지만 그의 마음속에는 정의에 대한 순수한 열정이 있다. 그가 히어로 복장을 한 채 영웅이 되기로 결심한 이유 또한 그의 남다른 정의감을 드러내 준다. 그것은 1964년 3월 27일자 〈뉴욕타임스〉에 실린 바 있었던 키티 제노비스Kitty Genovese 살인 사건[27] 때문이다. 신문은 도시 한복판에서 한 여인이 칼에 찔려 죽기 일보 직전이었음에도 그 현장의 목격자로 있었던 38명 중 어느 누구도 이 사건을 막기 위해 노력하지 않았다고 전했다. 키티 제노비스는 로어셰크가 근무하던 공장에서 옷을 주문했다 취소한 적이 있는 여인이다. 얼마 후 그녀는 뉴욕에 있는 자신의 아파트 근처에서 강간, 고문을 당한 채 살해되었지만, 이웃들은 그녀가 위험에 처해 소리치는 것을 듣고 이 광경을 목격했음에도 경찰에 연락하지 않고 방관했다. 이 사건을 신문으로 접했던 로어셰크는 말한다. "전 그때 인간이 무엇인지 알았습니다. 평계와 자기기만 속에 감추어진 것, 인류에 대한 부끄러움을 느낀 채

---

27 1964년 3월 13일, 뉴욕 퀸스 지역에서 벌어졌던 실제 사건이다. 이 사건으로 인해 주위에 사람이 많을수록 오히려 위기에 처한 사람을 돕지 않고 지켜보는 경향이 있다는 의미의 '방관자 효과' 혹은 '제노비스 신드롬'이라는 심리학적 용어가 만들어졌다. 《왓치맨》에서 이 사건은 평범한 시민이었던 로어셰크가 자경단의 길로 들어서게 된 계기로 작용하며 자연스럽게 픽션과 만난다. 이처럼 《왓치맨》 내에는 현실 상황과 허구적 상황이 교차된다. 미국이 베트남전에서 패배하고, 닉슨 대통령이 재선 후 워터게이트 사건으로 사임한 역사적 현실은 《왓치맨》 속 상황과는 다소 차이가 있다. 여기서는 닉슨 대통령의 재선 후 워터게이트 사건이 터지지 않았고, 미국이 베트남전을 승리로 이끌어 그가 4선에 성공하는 것으로 그려졌다. 또한 실제로는 소련의 아프가니스탄 침공이 1979년에 일어났던 반면, 《왓치맨》 내에서는 1985년에 발발한 것으로 설정되었다.

집으로 갔어요."[28] 그 후 로어셰크는 키티 제노비스가 마음에 들지 않아 찾아가지 않았던 옷으로 자신의 가면을 만들고 히어로가 된다. 그 가면은 이른 바 '로르샤흐 테스트'라는 심리 테스트에 활용되는 것과 같은 얼룩진 복면이다. 이 가면은 그의 표정에 따라 움직이기 때문에 그의 얼굴은 그의 불안한 심리만큼이나 매번 달라 보인다.

정작 죄책감을 가져야 할 38명의 목격자 중 한 사람이 아닌, 이 사건을 간접적인 기사로 접한 로어셰크가 히어로의 길로 접어들었다는 점은 의미심장하다. 과연 여기에서 진정으로 불완전한 인간은 누구인가? 정신적 외상을 입었으나 내면은 정의감으로 불타는 로어셰크일까? 아니면 지극히 평범한 인간으로 살아가지만 정작 타인의 고통에는 무감하고 정의 따위에는 관심 없는 일반인들일까? 적어도 로어셰크는 진정한 정의를 위해 악한 범죄와 맞서 싸우겠다는 선택을 했다. 또한 킨 법령이 공표된 후에도 정부의 압박에 굴하지 않고 정식 은퇴를 거부한 채 활동을 해왔기에 수배된 상태이다.

살해당한 코미디언은 사실 범죄자를 방불케 하는 기질을 지

---

28 앨런 무어, 데이브 기본즈, 《왓치맨 1》, 정지욱 옮김, 시공사, 2008, Chapter VI, p.10.

넜다. 그는 인간 세계의 모든 사건들이 하나의 조작된 희극에
지나지 않는다고 여긴다. 그는 모두가 속으로는 알고 있지만 맞
서기 두려워하는 사실을 이해하는 보기 드문 인물이다. 또한 전
쟁을 직접 경험한 그는 인간적 윤리관에 대해 냉소적인 입장을
취한다. 그는 인간이 견딜 수 있는 공포의 한계를 이해하고 있
으며 이를 웃어넘기려는 자이다. 코미디언은 자신의 일이 누군
가 반드시 해야만 하는 일이라 자부한다. 하지만 인간으로서의
그의 윤리관이 너무도 혼탁한 까닭에, 영웅으로서의 코미디언
이라는 존재는 못내 거북하다.

나이트 아울은 조류학자 출신의 발명가로, 부엉이 모양의 가
면을 쓰고 활동한다. 실크 스펙터는 팀원 중 유일한 여성으로,
어머니였던 선대 실크 스펙터의 뒤를 이은 2대째 히어로이며,
닥터 맨해튼과는 연인 사이이다.

오지맨디아스는 비록 초능력을 지니지는 못했으나 인간으로
서는 최대치의 능력을 행사하는 인물이다. 그는 인간으로서 가
장 높은 아이큐를 자랑하는 성공한 기업가이자 재벌이기도 하
다. 그는 정부가 슈퍼 히어로를 통제하는 킨 법령을 발효하리라
는 것을 예상하고는 법령이 발족된 후 영웅으로서의 길을 일찌
감치 포기한 채 사업가로 전향해 성공했다.

《왓치맨》의 주인공들 중 유일하게 초능력을 지닌 이는 닥터

맨해튼으로, 그는 장래가 촉망되는 물리학자였으나 실험 도중 유해 물질에 노출되는 사고를 겪어 푸르고 거대한 몸을 지니게 되었다. 이후 그의 능력은 가히 신적인 경지에 이른다. 사물을 원자로 분해하거나 재조합할 수 있으며, 자신의 육체 또한 스스로 형성할 수 있을 뿐만 아니라, 외계의 행성을 탄생시킬 수도, 혹은 파괴할 수도 있을 정도의 초월적 존재가 된 것이다. 미국에서는 닥터 맨해튼을 한창 냉전 중이던 소련에 대적할 국가 기밀 병기로 키워왔고, 킨 법령 이후 그는 미국 정부 편에서 일하며 보호를 받아왔다.

그는 신적인 능력을 지녔지만 그 힘을 적극적으로 활용하지 않는 무력한 관찰자에 가깝다. 점차 인간으로서의 면모를 잃고 신격화되어 가는 그에게 있어 도덕감이나 윤리는 어디까지나 인간의 기준에서 만든 가치일 뿐이다. 그는 우주의 운행을 간파하고 있으며 시공간을 초월한 채, 선악의 피안에 자리하고 있는 존재이다.

냉전 시기의 긴장감이 한창 고조되던 시기, 오지맨디아스는 이어지는 소련의 도발을 주시하던 중, 결국 핵무기로 인해 제3차 세계대전이 벌어져 세계가 멸망하리라 예견하고 모든 인류가 소멸될 상황에 대비해 광적인 계획을 추진하게 된다. 그는 외계 생명체가 지구를 침공하러 온다는 거짓 시나리오 하에 가짜 외계 생명체의 사체를 제작한 후, 공간 이동을 시키는 방식으로 뉴욕의 절반을 날려버린다. 제3의 적인 이 외계 생명체의 침공에 맞서기 위해 미국과 소련은 피치 못하게 연합해야 할 것이고, 이로 인해 인류는 핵전쟁의 위협에서 벗어날 수 있으리라는 것이 그의 시나리오였다. 이로써 인류는 화해와 평화의 시기를 맞이할 것이고, 새로운 세상이 도래할 것이다. 그는 이 끔찍한 작전으로 수많은 인명 피해가 발생했음에도 불구하고 자신이 세계를 구했다고 믿으며 감격의 눈물을 흘린다.

그러나 문제는 이 프로젝트에 희생된 뉴욕 시민 300만 명의 목숨이다. 오지맨디아스는 핵전쟁이 일어났을 때 발생할 수십억의 인명 피해를 막기 위해서라면 이 정도의 희생은 감수해야 한다고 주장한다. 오지맨디아스는 자신의 대의에 희생된 인명을 당연한 귀결이라 여기며, 이로써 국가 간의 전쟁이 종식되고 세계 평화가 도래한다면 자신의 행동이 정당화되리라는 믿음을 가지고 있다. 인간적 도덕률에 냉소적인 코미디언조차 그의 반윤리적 계획에 큰 공포감을 느꼈다. 이 계획을 알게 된 코미디언을 살해한 것 역시 오지맨디아스이다.

결국 오지맨디아스가 실행한 이 계획의 전말을 알게 된 동료들은 처음에는 이 사건의 전말이 세간에 알려져야 한다고 생각한다. 그러나 오지맨디아스는 이미 희생된 사람들의 죽음을 보상할 방법은 오직 비밀을 유지하는 것뿐이며 더 이상의 바람직한 선택은 있을 수 없노라고 동료들을 설득한다. 대부분의 동료들이 그에게 설득당한다. 심지어 신적 존재로 성장한 닥터 맨해튼까지도. 여기에 적극적으로 반기를 드는 이는 이번에도 오로지 로어셰크 뿐이다. 이 사건은 과연 온전히 은폐될 수 있을까?

《왓치맨》에 이르러 그간 우리가 지녀왔던 히어로들에 대한 환상은 무참히 깨져버린다. 대중들조차 더 이상 그들을 지지하지 않는다. 경찰들은 실업이 두려워 히어로들의 존재를 거부한다. 자경단은 범법자들이 되어 버린다. 이 같은 대중의 적의에 부응이라도 하듯, 《왓치맨》 속 히어로들은 고전적 히어로들의 윤리관 역시 산산조각 내버렸다. 이 작품은 우리로 하여금 이전까지는 한 치의 의심없이 명료했던 히어로들의 정의를 의심하게 만든다. 그들의 정의는 잔혹한 현실에 의해 오염되었다.

목적이 거국적이라면 어떠한 수단도 정당화될 수 있는가? 그것도 평범한 인간이 아닌 히어로가 이런 사건에 연루되었다는 것을 용납할 수 있는가? 히어로라는 존재가 이처럼 부도덕한 계획을 꾸미고, 이를 알게 된 동료 히어로를 살해했다는 점은 자못 충격적이다. 투철한 정의관을 갖추어야 할 히어로가 선한 목적으로 가장한 채 악을 정당화하고 있다는 점 또한 충격적이다. 마키아벨리적 군주를 연상시키는 오지맨디아스는 세계 평화와 인류의 진보라는 목표를 위해 부도덕한 수단을 동원했다. 이는 허울 좋은 목적의식에 가려진 일종의 의도적 살인이자 반인륜적인 계획이다.

오지맨디아스는 전형적인 공리주의자적 입장을 취한다. 이는 고전적 히어로의 모습과는 상당히 상반된 것이다. 슈퍼 히어로들은 위험에 처한 시민을 위해서라면 어디든 달려가야 하고, 신분이나 나이에 상관없이 그들을 구할 의무가 있었다. 적어도 그들은 공리주의와는 거리를 두어야 하는 존재이다. 그러나 오지맨디아스는 그 의무를 져버린 채 뉴욕 인구의 절반을 희생시켰다. 여기에 엄격한 윤리관으로 맞서는 자는 불완전해 보이는 영웅 로어셰크 뿐이다.

이쯤에서 우리는 다시금 플라톤의 《국가》에 등장하는 글라우콘의 주장을 상기하게 된다. 글라우콘이 귀게스의 반지를 예로 들며 주장했던 바를 상기해 보자. 글라우콘이 말한 '누구나 정의롭다고 여기지만 그렇지 못한 사람'은 오지맨디아스이다. 그는 작중에서 대중들에게 가장 사랑받던 히어로이다. 반면 '타인의 눈에는 정의로워 보이지 않지만 사실상 정의로운 이'는 로어셰크라 할 수 있다. 아마도 소크라테스는 로어셰크의 인생을 오지맨디아스의 그것보다 값지고 행복하다고 평가할 것이다.

《왓치맨》은 슈퍼 히어로의 정의 구현 방식이 부도덕할 수 있다는 점을 환기시키며, 우리가 그들의 윤리를 의심하게 만든다. 또한 히어로 대 빌런이라는 단순한 선악 이원론에서 벗어나 정의를 추구하기 위한 수단에 문제를 제기했다는 점에서 획기적이다. 자타가 공인하는 정의로운 히어로들의 세계에 서로 다른 정의관으로 인한 분쟁이 시작되고, 급기야 동료 간의 살인이 자행된 것은 《왓치맨》에서 처음 경험할 수 있는 실로 파격적인 시도였다. 빌런은 언제나처럼 히어로들 외부에서 등장한 것이 아니라 그 내부에 도사리고 있었던 것이다. 막강한 권력과 힘을 지닌 존재로서의 슈퍼 히어로, 본인은 정의를 지향한다고 하지만 그 실현 과정이 정의롭지 못한 히어로들은 과연 누가 통제할 수 있을까? 만일 정부가 이들과 결탁해 더욱 강한 권력을 갖게 된다면, 과연 누가 이러한 최강 권력을 감시할 수 있을 것인가? 미국 정부의 입김에 오염된 자경단이 과연 히어로 본연의 임무를 제대로 수행할 수 있을까?

《왓치맨》이라는 제목은 고대 작가 유베날리스Decimus Junius Juvenalis의 풍자시에 나오는 "누가 감시자들을 감시할 것인가(Quis custodiet ipsos custodes)"라는 문장에서 유래했다. 제목이 함축하고 있는 바와 같이 이 작품이 근본적으로 문제 삼고 있는 것은 우리를 지켜주던 자들이 곧 우리를 감시하는 자가 될지 모른다는 가능성, 그리고 절대 권력을 가진 이 감시자들이 통제 불능 상태에 이르렀을 때의 위험에 관한 것이다. 여기에서 중요하게 부상하는 문제는 무엇보다 히어로들의 정의관이다. 앞서 언급했던 바와 같이, 투철한 정의관은 곧 히어로들의 통제 가능성을 결정해 주는 가장 중요한 요소이기 때문이다.

이 제목에 관한 또 하나의 단서가《왓치맨》내에 등장한다. 오지맨디아스는 자신의 계획이 들통나자 존 에프 케네디가 저격당하기 직전에 하기로 되어있었던 연설문의 일부를 인용한다. "이 나라, 이 세대에 살고 있는 우리는 선택이라기보다는 운명에 의해 세계 평화의 벽 위에 있는 감시자(Watchmen)가 되었습니다."[29] 케네디 대통령 암살 사건 이후 미국은 소련과의 냉전을 지속해 나갔고, 전 세계의 감시자 역할을 자처해 왔다. 물론《왓치맨》내에서 절대 권력으로 그려지는 것은 미국 정부라기보다는 막강한 재력과 권력을 지닌 오지맨디아스와 초월적 능력을 지닌 닥터 맨해튼이지만, 만약 세계에서 가장 강력한 미국 정부

---

29 앨런 무어, 데이브 기븐즈,《왓치맨 2》, 정지욱 옮김, 시공사, 2008, Chapter XI, pp.18-19.

가 이 히어로들을 통솔한다면 과연 미국 정부는 누가 감시할 것인가?

《왓치맨》이 제시하는 복잡한 문제들에 더하여, 이러한 논의를 보다 구체화해 줄 작품은 이제부터 언급하게 될 《배트맨: 다크 나이트 리턴즈》이다.

《배트맨: 다크 나이트 리턴즈》와 자경단의 윤리

《배트맨: 다크 나이트 리턴즈》는 《왓치맨》에서 제기된 물음에서 한 걸음 더 나아가 히어로가 선택한 자경단 활동의 정당성에 대해 질문한다. 배트맨의 가면 뒤에는 부와 권력, 명예를 가진 브루스 웨인이 있다. 어떤 점에서 배트맨은 《왓치맨》 속에 등장하는 오지맨디아스와 로어셰크를 합쳐 놓은 듯한 인물이다. 그는 부패가 만연한 도시 고담―성서에 등장하는 타락한 도시 고모라와 소돔의 합성어로 추측된다―에서 박쥐 슈트를 입고 무력한 공권력이 미치지 못하는 곳에 나타나 범죄를 단죄하는 자경단원이다.

하지만 사실 우리가 살고 있는 현실에는 자경단이 존재할 수 없다. 모든 범죄는 합법적으로 구성된 정부 기관에 속한 공권력과 사법제도에 준하여 처벌받아야 하며, 만약 이를 위반한 채 개인의 자격으로 범죄자를 응징한다면 이는 엄밀히 말해 범죄 행위로 규정되기 때문이다. 정당방위의 경우, 혹은 어려움에 처한 이를 도와야 하는 부득이한 경우를 제외하고, 만일 누군가 자경단을 자처하며 범죄자를 찾아내 직접 처벌한다면 그것은 범죄 행위가 된다는 이야기다. 우리가 흔히 알고 있는 대부분의 슈퍼 히어로들은 투철한 정의관에 근거해 자발적으로 활동하는 자경단원들이다. 따라서 이들 역시 현행법상 범법자일 수밖에 없다.

1986년, 《배트맨: 다크 나이트 리턴즈》와 《왓치맨》이라는 두 히어로물이 등장하기 전까지는 자경단원에 관한 깊이 있는 윤리적 고찰이 시도된 바가 없었다. 감히 어느 누가 슈퍼맨, 배트맨, 아이언맨, 캡틴 아메리카와 같은 히어로를 범법자의 반열에 올릴 수 있겠는가? 대다수의 슈퍼 히어로는 항상 대중들의 지지와 찬사를 받으며 등장했고 누구도 그들의 행위에 감히 법적인 책임을 묻지 않았다. 따라서 범법자와 진정한 정의의 수호자 사이에서 고뇌하는 히어로의 이미지 역시 우리에게는 상당히 낯선 것이었다.

배트맨이 자경단원의 길을 걷게 된 데에는 범죄자에 의한 부모의 죽음이라는 필연적인 이유가 있었으며, 또한 어린 시절 극심한 공포를 선사했던 박쥐 코스튬으로 무장한 채 활동하는 이유 역시 호소력 있게 다가온다. 배트맨은 범죄자나 범법자들을 쫓지만, 자신이 공권력의 허점을 메움으로써 또 다른 범죄자가 되어 버렸음을 인정한다는 점 역시 신선하다. 이는 배트맨을 기존의 이미지와 달리 어둡고 암울한 모습으로 그려낼 수 있었던 원인이기도 하다. 그가 기꺼이 범법자가 되기를 자처하면서까지 고담의 범죄자들을 소탕하고자 하는 이유는 무엇보다 정의를 실현시키지 못하는 법의 한계, 즉 가진 자와 권력층에게 유리하게 작용하는 법의 부조리함과 고담의 악한들에게 휘둘리는 공권력의 무력함, 또한 이를 통제해야 할 정부에 대한 불신 때문이다.

고담은 가상의 공간으로 설정되었지만 사실 곳곳에 만연한 부패 도시의 또 다른 이름이기도 하다. 이곳의 권력과 부를 가진 이들은 공권력과 언론을 장악한 채 고담의 마지막 정의이자 희망인 배트맨을 적대시한다. 물론 배트맨 역시 막대한 부와 권력을 가진 자인 건 사실이다. 하지만 그는 고담의 부패한 권력층과는 달리 확고부동한 정의관을 고수하는 동시에 정의를 위해 자신의 비밀 신분을 유지해야 하는 관계로 스스로를 옹호할 수 없다. 히어로로서 그의 고독함과 우수는 바로 여기에 기인한다. 또한 그가 정의를 수행하는 다소 고지식한 방식은 그의 고독감에 무게를 더한다.

배트맨은 결코 살인을 하지 않는다는 이른바 불살주의를 표방한다. 게다가 부모가 총으로 살해당한 충격적인 장면을 목격했기 때문에 총기 사용을 꺼린다. 배트맨은 오랜 기간 공권력의 수뇌부에 있었던 고든 청장과 긴밀한 관계를 유지해 왔다. 고든은 배트맨이 추구하는 정의가 고담시를 바꿀 수 있으리라 믿는 충직한 경찰이었다. 고든의 은퇴 직전까지 이 두 사람 간의 공조 관계는 지속된다. 그러나 2대 로빈 제이슨의 죽음으로 인한 죄책감과 대중의 여론에 밀려 그는 자경단원으로서의 삶을 포기한 채 은퇴했었다. 하지만 다시금 고개를 드는 고담의 범죄율과 부패한 법에 맞서고자 십여 년간의 공백을 깨고 50대 중반의 나이에 복귀한다. 그가 갱생을 도왔던 검사 출신의 하비 덴트는 빌런인 '투 페이스'로 돌아왔고, 숙적인 조커는 아캄 정신병원에서 퇴원을 앞두고 있다. '뮤턴트'라는 젊은 범죄자들 역시 만만치 않은 상대이다. 고담은 다시금 범죄의 산실이 되었고, 시민들은 밤마다 겁에 질려있다.

배트맨은 DC의 다른 히어로들과 달리 초인적 능력을 갖지 못한 필멸의 인간일 뿐이지만, 자신의 재력과 기술력으로 다시금 위태로운 이중생활에 도전하기로 한다. 그러나 고든 청장이 퇴임한 뒤 새로이 부임한 여성 경찰청장 인들은 공권력의 권위를 내세우며 배트맨에게 체포 영장을 발부하고자 한다. 배트맨은 빌런들과 공권력의 이중적 압박 속에서 궁지에 몰린다. 작품 속에 간간이 등장하는 시민 인터뷰, TV 토론 장면 등은 배트맨을 향한 상반된 여론을 보여준다. 배트맨의 활동을 보도하는 매스컴의 역할은 단연《배트맨: 다크 나이트 리턴즈》를 돋보이게 하는 장치라 할 수 있다. 그는 과연 정의의 사도인가 아니면 범죄자들의 승부욕을 자극하는 사이코패스인가?

정부 혹은 고담의 권력층을 대변하는 매스컴은 때로는 적절한 균형을 유지하는 듯하다가도, 점차 배트맨을 향한 비난 여론을 쏟아낸다. 배트맨은 브루스 웨인이라는 비밀 신분을 유지하면서 고담의 위험인물로 낙인찍힌 채 이 고독한 싸움을 지속해야 한다. 50대의 노구를 이끌고 인간으로서의 육체적 한계를 극복해야만 하는 그의 곁에는 새로운 로빈을 자처하는 어린 소녀 캐리 켈리가 함께한다.《배트맨: 다크 나이트 리턴즈》는 최초의 여자 로빈이 등장하는 역사적인 작품이기도 하다.

이처럼 비판적 여론과 공권력의 압박에 시달리는 배트맨과 달리 DC를 대표하는 또 다른 영웅 슈퍼맨은 작품 내에서 미국 정부의 비밀 요원으로 활동하며 정부의 비호를 받는 편을 선택한다. 의도가 어떻든 정부와 공권력으로부터 등을 돌리는 순간 범법자가 된다는 사실을 슈퍼맨은 알고 있다. 그는 미국이 부르는 곳이면 어디든 출동해 임무를 수행한다. 슈퍼맨은 정부의 뜻에 따라 자경단이 되길 포기했다. 이로써 슈퍼맨은 지상에서의 삶과 면허증을 얻었고, 언론은 그에 대해 입을 다문다. 앞서 살펴본 《왓치맨》에서 킨 법령에 따라 정부의 편에 섰던 닥터 맨해튼과 끝내 자경단을 고집했던 로어셰크 간의 갈등은 슈퍼맨과 배트맨 간의 입장 차이로 연장된다.

여기에서도 동일한 문제가 제기된다. 고담시의 경찰과 언론이 배트맨을 대하는 태도는 우리에게 다음과 같은 질문을 던진다. 정부 혹은 공권력이 부패하여 공정한 법 집행을 외면한다면 그때는 어떤 사태가 벌어질 것인가? 미국 정부가 히어로들을 통제하는 기관으로 기능한다면, 그에 속한 히어로들이 오직 미국의 이익이나 이해관계에 따라 움직이지 않으리란 보장이 있는가? 막강한 위력을 지닌 히어로들을 보유한 채 폭주하는 미국 정부는 누가 통제할 것인가?

반면 배트맨이 평범한 인간 신분으로 히어로 활동을 하게 된 원인은 살해된 부모를 대신해 공권력의 무력함에 대항하기 위해서였다. 그러나 어디까지나 자경단인 배트맨이 무고한 이들을 지키기 위해 행하는 폭력은 과연 어디까지 허용될 수 있을까? 혹시라도 배트맨이 자제력이나 판단력을 잃고 오지맨디아스처럼 악행을 저지를 우려는 없는가?

《배트맨: 다크 나이트 리턴즈》에 등장하는 악한인 뮤턴트 갱단이 배트맨과의 결투에서 대장의 패배를 목격하고 '배트맨의 아들들Sons of Batman'을 결성하는 부분은 우리의 이 같은 우려를 정당화시킨다. 그들은 배트맨을 롤모델로 하고 있지만, 그를 따르는 모든 이들이 배트맨처럼 투철한 정의관과 자제력을 지니고 있는 것은 아니다. 이들은 폭력적이고 과시적인 방법으로 범죄와 맞섰고, 배트맨과 달리 범법자들에 대해 극단적으로 대처하는 경향이 있다. 배트맨은 자신을 따르는 자들의 폭주와, 살인하지 않는다는 스스로의 윤리적 규칙으로 인해 그만큼 자신을 더 통제해야 한다는 강박에 시달린다.

배트맨이 숙적인 조커를 죽이지 않는 가장 큰 이유는 살인을 하지 않는다는 자신의 원칙을 고수하며 유지해온 통제력이 손상되는 순간, 자신 또한 조커와 같은 인간으로 전락할지 모른다는 두려움 때문이다. 조커는 배트맨의 이 같은 철칙을 누구보다 잘 파악하고 있다. 따라서 그는 끊임없이 배트맨이 자신을 죽이게 만들고자 도발을 거듭한다. 조커와의 결전에서 배트맨을 가장 고통스럽게 하는 것은 조커가 볼모로 삼은 인질들의 생명이다. 배트맨이 자신의 정의관과 신념에 따라 행동하고자 할 때마다 조커는 그가 도덕적 딜레마에 처하도록 유도한다. 그러나 배트맨은 결코 말려들지 않는다. 그는 힘이 닿는 한 많은 인명을 구할 것이고, 조커 역시 죽이지 않을 것이다. 그는 결코 스스로 오지맨디아스 같은 괴물이 되지 않을 것이다.

부유하고 명석한 인간 히어로라는 점에서 오지맨디아스와 브루스 웨인은 공통점을 지닌 듯하다. 그러나 두 히어로의 행보는 전적으로 상반된다. 오지맨디아스의 정의가 필요로 한 대가는 너무도 큰 것이었고 수단 역시 상당히 부도덕했다. 수십억 인구가 죽는 것보다는 뉴욕 인구의 절반이 희생되는 편이 낫다는 그의 사고는 전적으로 '최대 다수의 최대 행복'에 준하는 공리주의적 관점이다. 그러나 여기에는 오직 수적 기준만이 문제시될 뿐, 그 공리에 희생된 자들의 가치와 권리는 포함되지 않는다.

이에 반해 배트맨은 원칙주의자에 가깝다. 그는 이른바 칸트Immanuel Kant의 '정언명령'을 따른다. 정언명령의 기본은 "네 의지와 준칙이 보편적 법칙이 되도록 행동하라"는 데에 있다. 도덕의 기반은 의무에서 온다. 이 의무는 히어로에게 있어 자신에게 부여된 힘에 대한 책임감과 동류의 것이다. 따라서 배트맨의 원칙주의는 오지맨디아스의 공리주의와는 거리가 멀다. 사람을 살해하는 것은 보편적 입법이 될 수 없기에 그는 살해하지 않는 편을 택한다. 더 많은 사람들의 목숨을 구하는 편이 항상 옳다는 공리주의적 입장은 결과론적으로는 다수에게 선을 행하는 것처럼 보이지만, 가장 근본적인 원칙을 위배함으로써 오지맨디아스의 반인륜적인 행위를 정당화시킬 위험이 있다.

물론 배트맨이 조커나 하비 덴트를 죽이지 않는 데에는 인간에 대한 보편적 준칙을 지키고자 하는 의도 외의 동기가 분명히 작용한다. 배트맨은 그의 부모가 범죄자에 의해 무고하게 살해되었다는 사실에 대한 지극한 반감을 지니고 있으며, 만일 자신이 이 규율을 어겼을 경우 스스로에게 어떤 영향이 미칠지에 관해 숙고한다. 히어로의 삶을 유지할 것인가 아니면 빌런과 마찬가지의 삶을 살 것인가. 이 문제는 그에게 있어 선택의 문제이기도 하지만 다른 의미도 갖는다. 자제력을 잃은 슈퍼 히어로는 곧 빌런의 또 다른 얼굴임을 그는 '투페이스'라 불리는 하비 덴트의 과거로 미루어 잘 알고 있다. 이러한 배트맨의 윤리적 철칙이 그를 더욱 고독하고 믿음직한 영웅으로 이끈다. 그는 부와 명예를 지녔으나 약자의 편에 서며 원칙적 정의관을 고수한다. 그는 슈퍼맨처럼 정부와도 타협하지 않는다. 작품의 후반부에서 그가 슈퍼맨과 대적할 수 밖에 없는 이유 또한 그것이다.

초인적 영웅과 중년의 인간 히어로 간의 결투는 이미 승패가

정해진 싸움 같지만 우리는 여기서 필멸의 존재인 인간이 지닌 위대함을 경험한다. 이것은 어쩌면 현대에는 진부할지도 모르는 원칙주의와 실리적 공리주의 간의 결투일 수도 있고, 자경단의 정체성을 지키려는 히어로와 이들을 통제하고자 하는 정부 간의 대립으로 읽혀질 수도 있으며, 정의를 위해 투신하는 한 인간과 초월적인 존재 간의 싸움으로 해석될 수도 있다. 독자들은 배트맨의 짙은 고뇌와 회의 속에서 '정의'라는 개념에 대해 재고하게 된다. 또한 이 문제는 다시금 정부가 히어로들을 통제한다면 '이러한 정부는 누가 감시할 수 있을 것인가'라는 질문으로 귀착된다.

히어로들의 위력은 곧 미국이라는 국가가 지닌 막강한 위력과 다름없다. 슈퍼 히어로들이 오랜 기간 미국 문화를 대표해 왔다는 것 역시 우연은 아니다. 우리는 보다 복잡해진 현대 사회, 나아가 국제 사회에서 어떤 입장을 취해야 할지, 어떠한 정의를 추구하며 어떠한 히어로를 지지해야 할지《왓치맨》과《배트맨: 다크 나이트 리턴즈》를 통해 배운다. 이 두 작품은 슈퍼 히어로를 다룬 그래픽 노블이 부상한 이유를 명확히 해준다. 이 작품들은 과거의 히어로들을 보다 현대적으로 분석하며, 기존의 작품들과 달리 실제 사회 속에서 히어로들이 직면한 문제점들을 제시한다. 여기서 제시된 '히어로 수정주의' 내지는 '자경

93

단의 윤리'는 '정의란 무엇인가'라는 거대 화두에 대해 만화 매체가 내린 훌륭한 답변이다. 사실상 이 두 그래픽 노블은 앞으로 등장하게 될 슈퍼 히어로물의 주된 이슈들을 전부 선보였다.

우리가 이 두 작품에 관해 반드시 고찰해야만 했던 이유는 두 가지였다. 첫째는 슈퍼 히어로물의 그래픽 노블로서의 가치와 그 존재론적 물음의 가치 규명을 통해 마블의 학문적 지반을 수립하고자 했기 때문이다. 이런 점에서 그래픽 노블의 주축이 되었던 두 작품이 마블이 아닌 DC사의 작품이었다는 점은 사실 크게 중요하지 않다. DC는 마블이 하나의 학으로 성립할 수 있다는 데에 대한 가능성을 미리 보여준 아군 역할을 한 셈이다.

두 번째 이유는 앞으로 살펴볼 마블의 세계관에도 역시 이러한 '히어로 수정주의'가 고스란히 반영되어 있다는 데에 있다. 이 두 그래픽 노블은 이 책의 마지막 장에서 살펴보게 될 마블의 철학적 생태계를 조성하는 데에 일조한 작품들임과 동시에, 보다 중점적으로 다룰 마블의 《시빌 워》 시리즈에서 제기되는 주요 사안들과도 멀리 있지 않다. 이에 관해서 역시 Ⅳ장에서 보다 면밀히 살펴보게 될 것이다.

III

마블과 신화

누구나 신화 속 영웅 이야기를 좋아한다. 그리고 대부분 영웅들이 겪는 고통에 연민과 존경을 느끼는 경향이 있다. 태어날 때부터 초자연적 능력을 지닌 DC의 영웅에 비해 마블 속 영웅은 불완전하다. 하지만 바로 그 '불완전함'이 마블의 영웅들을 더욱 사랑하게 되는 이유이다. 이 신화의 중심에는 '현대 신화의 창조자', '대중문화의 호메로스'라 불리는 스탠 리가 자리한다. 이 장에서 우리는 스탠 리와 마블이 탄생시킨 대표적 히어로들의 탄생 배경 및 고전 신화와의 연관성을 탐색해 보고자 한다.

여기서 다룰 히어로들의 기원은 주로 만화 원작을 토대로 기술되겠지만, 선택된 히어로들은 영화 『어벤져스』 시리즈를 중심으로 꾸려졌다. 마블의 방대한 영웅 계보학을 다루기보다는 잘 알려진 영웅들을 통해 마블의 세계에 접근하는 편이 보다 용이하리란 생각에서였다. 또한 만화 원작 속에서는 분명 어벤져스의 일원이지만, 영화 『어벤져스』 시리즈에서는 제외된 영웅들도 존재한다. 이들 중 몇몇은 개별적으로 영화화되었기에 이들 역시 논의에 포함시킬 것이다.

 마블 영웅들의 신화적 기원을 더듬어 나가면서 우리는 문화 속에 자리한 신화의 비중을 확인함과 동시에 '과연 마블이 현대적 신화라 불릴만한가'라는 질문에 역시 답할 수 있을 것이다. 마블은 인류의 상상력 속에 오랫동안 내재해 온 원형적 신화의 변형이라는 점에서 롤랑 바르트가 정의 내린 '현대의 신화', 혹은 움베르토 에코가 말한 대중의 욕망이 투사된 '신화화'이자, 비유전적인 문화 전달 단위로서의 '밈'에 다름 아니다.

1. 어벤져스의 신화적 기원

'복수하는 자들'이라는 뜻의 '어벤져스'는 앞서 언급했던 영웅 신화의 원조《쾌걸 조로》속 '응징자들'을 연상시킨다. 이와 동시에, "어벤져스 어셈블!"을 외치며 연대해 싸우는 마블의 히어로들을 볼 때마다 어김없이 떠오르는 그리스 신화 속 한 장면이 있다. 바로 황금양털을 찾아 떠나는 이아손과 동료들로 구성된 '옛 히어로 군단', 일명 '아르고호 원정대'의 모습이다.

이아손은 본디 이올코스의 왕자였지만 왕이 되기에는 너무 어린 나이였기에 숙부 펠리아스에게 왕권을 양도하고 켄타우로스인 케이론에게 교육받으며 자랐다. 장성한 이아손이 왕권을 되찾기 위해 펠리아스를 찾아갔을 때, 그는 왕권을 돌려주는 대신 콜키스에 있는 황금양털을 가져오라고 요구한다. 황금양털은 본래 이아손의 종숙 프릭소스의 것이었으니 이아손이 프릭소스의 유골과 황금양털을 되찾아 돌아오면 왕위를 인정하겠다는 것이다. 그러나 머나먼 땅 콜키스에서 황금양털을 되찾아오라는 제안은 사실상 아이손을 처단하기 위한 계략에 불과했다. 콜키스의 왕이 이아손에게 순순히 그 보물을 내어줄 리도 없을뿐더러, 만약 이아손이 이 제안을 거절한다면 펠리아스로서는 그를 겁쟁이 취급하며 왕위 계승을 거부하면 될 일이었다.

고심 끝에 결국 콜키스행을 결심한 이아손은 선박 장인인 아르고스에게 50여 명의 원정대와 몇 달 치의 양식을 실을 거대한 배를 축조하게 한 뒤 자신을 도와줄 영웅들을 불러들인다. '아르고호'에 탑승한 영웅들은 그야말로 어벤져스 군단을 방불케하는 초인적인 히어로 집단이다. 날개가 있어 하루에 천 리를 날거나 오백 리를 걸을 수 있는 북풍의 아들 칼라이스와 제토스, 천하장사 헤라클레스, 스파르타의 장사 폴뤼데우케스, 새 우는 소리로부터 운명의 발소리까지 듣는다는 예언자 몹소스, 파도 소리로 뱃길을 짐작하는 암피아라고스, 천리안 륀케우스, 별자리로 낮의 뱃길을 짐작하는 나우폴리오스, 트리키아의 명가수 오르페우스, 최고의 키잡이 티퓌스, 포세이돈의 아들이자 둔

갑의 도사 페리클뤼메노스, 물고기를 잡아먹으면서 헤엄친다는 수영의 명수 에우페모스 등이 이 배에 승선했다. 오직 초자연적 능력을 지닌 영웅들만 있었던 것은 아니다. 여기에 탄 인간 영웅으로는 여걸 아탈란테, 헤라클레스를 흠모하던 미소년 휠라스, 칼뤼돈의 멧돼지를 잡은 호걸 멜레아고로스, 펠레우스—그는 장차 트로이의 영웅 아킬레우스의 아버지가 될 운명이다—, 테세우스의 절친 페이리토스도 있었다.

진수식이 있던 날, 오르페우스는 이 배를 지은 명장이 아르고스 지역 출신인 '아르고스'라는 점과, 몹시 빠른 이 배의 특성을 고려하여 '아르고호', 즉 '쾌속선'이라 이름 지었다. 그리고 여기에 탄 이들을 '아르고나우테스(아르고 원정대원)' 혹은 '아르고나우타이(아르고 일당)'라 불렀다.[30]

아르고호 뱃머리에는 '말하는 여신상'이라 불리는 독특한 장치가 있었다. 이 여신상은 여신 헤라의 모습을 본떠 만들어졌기에 '말하는 헤라 여신상'이라고도 한다. 이 여신상은 제우스 신전 뒤에 자리한 떡갈나무로 만들어졌는데, 이 떡갈나무는 사람들이 제우스 신전을 찾아와 신의 뜻을 물을 때마다 나무의 움직임으로 제우스의 뜻을 전해주곤 했기 때문에 '말하는 떡갈나

30 이윤기, 《뮈토스 3: 인간의 시대》, 고려원, 1999, pp.136-157 참고.

무'라 불리기도 했다. 마침 아르고스 지역의 수호신이었던 아테나는 명장 아르고스가 배를 축조한다는 소식을 듣고 도도나 지역의 이 성스러운 떡갈나무를 한 그루 베어다 주었다. 아르고스는 이아손의 수호신이 헤라라는 점을 기억하고 헤라의 여신상을 조각해 뱃머리에 세웠다. 이러한 이유에서인지 이 조각상은 위기 상황에서 스스로 판단하고 행동할 줄 알았다. 마치 현대의 최첨단 인공 지능 네비게이션이라도 탑재한 듯이 말이다. 거대하고 지혜로운 배와 걸출한 영웅들의 도움으로 이아손은 마침내 황금양털을 손에 넣은 채 귀환한다.

황금양털 신화 속에서 반신반인들과 인간들이 연대한 이유가 비록 어벤져스식의 복수나 응징을 위한 것은 아니었을지라도, 이아손이 찬탈당한 왕권을 되찾아주기 위함이었다는 점, 그리고 황금양털이라는 보물을 되찾기 위한 모험이었다는 점에서 그들은 자신들의 정의를 위해 연합한 셈이다. 어떻게 보면 이는 부당하게 왕권을 차지한 펠리아스를 단죄하기 위한 행위였을 수도 있다.

신화 속 황금양털이 상징하는 바 역시 흥미롭다. 황금양털의 존재는 결국 이아손의 왕권을 확보해 줄 절대 권력의 도구이다. 어쩌면 영화 『어벤져스: 엔드게임』에서 어벤져스가 그토록 손에 넣고자 했던 '인피니티 건틀렛'과 비견될 만한 위협적인 도구이다. 아르고호 원정대가 이아손의 권리 회복을 위해 황금양털을 찾아 나서며 연대했듯이, 어벤져스 또한 최강의 빌런 타노스 손에 들어가 우주 전체에 피해를 끼친 인피니티 건틀렛을 되찾고자 연대한다. 또한 이 모험 중에 발생하는 무수한 변수는 『어벤져스: 엔드게임』 못지않게 흥미진진하다. 명장 아르고스의 기술력이 영웅들의 연대를 돕는다는 설정 역시 어벤져스의 수장 격인 아이언맨이 갖춘 첨단 기술을 연상시킨다. 이처럼 옛 슈퍼 히어로들의 정의를 향한 연대는 우리가 알고 있던 것보다 훨씬 오랜 역사를 지닌 테마이다.

101

2. 어벤져스의 주요 구성원과 신화적 기원

캡틴 아메리카

데뷔작: 〈Captain America Comics #1〉(1941)

캡틴 아메리카는 타임리 코믹스 시절 조 사이먼과 잭 커비의 손에서 태어났으며, 어벤져스의 구성원들 중 가장 나이가 많은 히어로이다. 캡틴 아메리카인 스티븐 로저스는 뉴욕의 브루클린에서 태어났다. 십 대에 고아가 된 그는 제2차 세계대전 당시 군에 입대하기를 희망했으나 왜소한 체격으로 인해 거부당한다. 그러나 어스킨 박사가 개발한 슈퍼 솔저 혈청의 실험 대상으로 지목되면서 캡틴 아메리카라는 이름의 인간 병기로 거듭났다. 슈퍼 솔저 혈청으로 말미암아 그의 체력과 민첩성은 배가 되었고, 수많은 전투 훈련을 거치며 더욱 강해졌다. 그의 위력을 돕는 도구인 방패는 비브라늄이라는 특수 재질로 만들어졌으며 모든 충격과 진동을 흡수하는 무기이다.

그는 오랜 친구이자 동료인 버키 반즈와 함께 나치를 상징하는 빌런들―레드 스컬, 아르님 졸라, 제모 남작 등―과 맞선다. 그러나 캡틴 아메리카는 전쟁 막바지에 비행기 추락 사고로 수십 년간 차가운 바닷속에서 동면했다. 후일 어벤져스가 그를 발견하고 구출하는데, 그는 오랜 기간 동면 상태에 있었기에 시간 감각을 상실한 상태였고, 제2차 세계대전을 경험한 세대로서 다소 구시대적인 감각을 지니고 있었다. 캡틴 아메리카는 이로 인해 혼란스러워하지만 곧 어벤져스를 이끄는 주된 동력으로 부상하게 된다. 오랜 가사 상태로 인한 캡틴 아메리카의 시대착오적 면모는 영화『어벤져스』시리즈에서 그만의 색다른 유머 코드를 선사해주곤 한다.

캡틴 아메리카는 미국의 이상을 상징화한 인물로 슈퍼 히어로의 정의와 윤리관에 누구보다 부합하는 캐릭터이다. 그의 확고한 정의감과 리더십은 어벤져스 멤버들의 신뢰를 얻었고, 한동안 그는 어벤져스의 수장으로 활동했다. 그러나 전쟁 중 죽은 줄 알았던 버키 반즈가 세뇌로 인해 '윈터 솔져'라는 이름의 악당으로 활동하고 있다는 사실을 알게 된 캡틴 아메리카는 버키를 회유해 그의 갱생을 돕는다.

시빌 워로 인해 영웅들의 입장이 분열되었을 때 캡틴 아메리카는 자경단으로서 슈퍼 히어로가 수행해야 할 본연의 임무에 충실하고자 했다. 그는 모든 슈퍼 히어로들의 정체를 공개하고 정부에 귀속된 정식 요원이 될 것을 촉구하는 '초인등록법'(《왓치맨》에 등장하는 '킨 법령'과 유사하다)에 반대한다. 그는 '초인등록법'이라는 미명하에 히어로들을 정부 통제권에 끌어들이려는 아이언맨 측과 대립각을 세우면서 진정한 히어로의 임무를 상기시킨다. 이로 인해 결국 히어로들 간의 과격한 내전이 벌어졌고, 이 사태에 책임감을 느낀 그는 자발적으로 투항했다. 만화 원작에서는 그가 가면을 벗고 정부의 소환 명령에 응하던 중 누군가의 총격에 의해 사망한 것으로 발표된다. 하지만 다시 부활하여 이후 쉴드 국장을 역임하기에 이른다.

신화적 기원

캡틴 아메리카의 무기가 방패라는 점 때문에 많은 이들이 이 캐릭터의 기원을 그리스 신화 속 영웅 페르세우스로부터 떠올린다. 이러한 추측은 꽤 타당하다. 페르세우스는 아테나의 방패 아이기스와 하데스의 투구 '퀴네에(이 투구를 쓰면 모습이 보이지 않는다)'를 이용해 괴물 메두사의 목을 벤다. 캡틴 아메리카 역시 어스킨 박사의 슈퍼 솔저 혈청과 비브라늄 방패라는 현대적 무기를 통해 슈퍼 히어로가 된다. 또한 캡틴이 대적하게 되는 나치 산하의 집단 히드라(하이드라)는 페르세우스가 자신의 방패로 무찌른 메두사의 머리카락이었던 뱀들, 곧 '히드라'를 연상시키기에 충분하다.

'히드라(하이드라)'라 불리는 그 기관은 히틀러의 지원으로 탄생한 첨단 과학 부서로, 단지 나치 산하에 국한되지 않고 전 세계로 확장되어 있다. 캡틴 아메리카는 이 조직에 대항해 2차 대전을 승리로 이끌었지만, 그 후로도 오랜 기간 동안 히드라는 그의 숙적이 된다.

또한 히드라는 그리스 신화에 등장하는 머리가 아홉 달린 괴물의 이름이기도 하다. 이 괴물은 강력한 맹독을 갖고 있어 거기에 노출된 생명체들은 모두 죽어 버린다. 게다가 엄청난 재생력을 지닌 까닭에 목을 잘라도 금세 새로운 목이 자라난다. 신화에서 이 괴물을 퇴치한 영웅은 헤라클레스였다. 헤라의 간계로 헤라클레스가 수행해야 했던 열두 개의 과업 중, 레르네의 히드라 퇴치는 그의 두 번째 과업이었다. 너무도 강한 재생력 때문에 헤라클레스가 히드라의 목을 치면, 곁에 있던 그의 사촌은 재생이 불가능하도록 목이 떨어진 자리를 불로 지져야 했다.

헤라클레스는 히드라를 죽인 후 그 피로 독화살을 만들었는데, 그 화살은 히드라의 맹독만큼이나 인간들에게 고통을 주었다. 반신반인인 헤라클레스조차 이 독에 오염되어 그 고통을 이기지 못할 정도였다.

이처럼 방패를 든 영웅의 이미지는 분명 페르세우스를 연상시키는 면이 있으나, "팔 하나를 자르면 두 개가 더 자라난다"는 슬로건 하에 활동하는 조직 히드라에 맞서 끝까지 대항하는 캡틴 아메리카의 이미지 속에 헤라클레스의 강인한 면모가 중첩되는 것 또한 사실이다.

아이언맨 ★

데뷔작: ⟨Tales of Superense #39⟩(1963)

천재 발명가이자 공학자인 토니 스타크는 기업가인 하워드 스타크의 아들로, 열다섯의 나이에 메사추세스 공과 대학교에 입학할 정도로 비상한 두뇌의 소유자이다. 재력가 집안에서 자라 어린 시절부터 부와 명예를 누렸지만, 사고로 부모님이 돌아가시자 아버지가 운영하던 스타크 인더스트리를 물려받는다. 스탠 리의 고백에 따르면 아이언맨의 모델은 실존 인물 하워드 휴스Howard Robard Hughes이다(토니 스타크의 아버지 이름이 하워드 스타크임을 기억하자).

스탠 리가 처음 아이언맨을 선보인 1963년, 미국은 베트남전과 한국 전쟁에서 벗어난 지 얼마 되지 않아 반전 운동의 열기로 뜨거웠다. 그리고 그 당시 반전 운동의 주축이 되었던 젊은 이들이 가장 혐오하던 대상은 바로 군수업자였다. 이러한 시대적 분위기 속에서도 스탠 리는 과감히 군수업자인 아이언맨을 선보였는데, 마틴 굿맨의 반대와 실패하리라는 모두의 예상을 뒤엎고 놀랄만한 성공을 거둔다. 처음 아이언맨을 선보인 만화 표지에서 스탠 리는 "세상에서 가장 새롭고 놀라우며 센세이셔널한 슈퍼 히어로"가 누구인지 독자들에게 묻는다. 이 물음에 답하듯 머지않아 아이언맨은 마블을 대표하는 히어로가 되었다.

107

토니 스타크는 해외 출장 중 외국군벌 대장 웡추의 포로가 되는 바람에 그들의 요구에 따라 무기를 제작하게 된다. 군수업자인 그가 자신이 만들어 판매한 무기로 인해 피해를 입게 된 것이다. 이 과정에서 부상 당한 토니 스타크의 가슴에는 포탄 파편이 박혔고, 이 파편이 심장에 가까워지는 사태를 막으려면 특수 제작된 과학 기기가 필요했다. 웡추는 토니 스타크가 죽기 전까지 자신들에게 유용한 무기를 만들게 하려는 목적으로 그를 치료해 주겠다고 제안한다. 토니 스타크는 감금되었고, 그곳에서 웡추의 무기 제조 명령을 거부하며 갇혀있던 과학자 잉센의 도움에 힘입어 전자기 가슴판이 부착된 첫 번째 아이언맨 슈트를 제작해 적들을 물리치고 미국으로 돌아온다.

어벤져스의 창설을 도운 그는 히어로들을 위해 자금을 지원해 왔고, 캡틴 아메리카와 더불어 팀의 리더로서 활약했다. "어벤져스 어셈블!"이라는 구호를 처음 만들어 낸 것 또한 아이언맨이다. 이후 그는 자신이 아이언맨이라는 사실을 공식석상에서 밝혔고, 만화 원작에서는 미국 국방부 장관이라는 지위에까지 오른다. 마블 코믹스 세계에서 그는 종종 《판타스틱 포》의 리처즈 리드 박사나 행크 핌과 같은 과학자들과 공동 연구를 수행하지만, 영화 세계에서는 헐크인 브루스 배너와 연합한다.

《시빌 워》만화 원작 내에서 토니 스타크는 초인 등록법에 찬성하는 찬성파의 수장을 자처하며 정부의 편에 선다. 자신을 아버지처럼 믿고 따르던 피터 파커(스파이더맨)를 찬성파로 끌어들이며 찬성파 히어로들의 지지와 시민들의 여론을 자신의 편으로 이끌지만, 이 과정에서 피터 파커의 가족이 위험에 처하고 만다. 이로 인해 스파이더맨이 반대파로 돌아서며 히어로들 간의 분열이 거세진다.

토니 스타크가 이 법안에 찬성하는 데에는 나름대로 이유가 있다. 사실 토니 스타크는 젊은 시절에 저지른 과오 때문에 초인 등록법에 찬성했다. 만화《아이언맨: 병 속의 악마Iron Man: Demon in a Bottle》는 알코올 중독에 빠졌던 시절, 술에 취한 토니 스타크가 아이언맨 슈트의 오작동으로 인해 살인자로 지목된 사건을 다룬다.《시빌 워: 아이언맨Civil War: Iron Man》에서 그는 자신이 알코올 중독 때문에 무고한 시민을 해칠 뻔했으나 다른 히어로의 개입 덕분에 이 위기를 모면할 수 있었음을 고백한다. 이러한 개인적인 경험 탓에 토니 스타크는 슈퍼 히어로 역시 스스로를 제어할 수 없는 상황에서는 통제를 받아야 한다는 강한 신념을 갖게 된 것이다. 그는 초인 등록법을 통해 히어로의 실책에 분노하는 시민 여론을 달래고자 했지만, 캡틴 아메리카가 이끄는 반대파와 격돌하게 되면서 목적을 위해서라면 어떤 수단도 마다하지 않는 안티히어로의 면모를 드러낸다.

109

캡틴 아메리카가 '미국의 이상'을 상징하는 히어로라면, 아이언맨은 '미국의 현실'을 상징하는 히어로이며, 어떻게 보면 미국 정부의 행태를 대변하는 히어로이다. 아이언맨 스토리의 점진적 변화가 이를 증명해 준다. 1963년 처음 선보인 원작 만화에 따르면 토니 스타크가 부상을 당한 것은 베트남전에서였다. 1990년대에 그 사건은 제1차 걸프전으로 바뀌고, 2000년대에 등장한 만화에서는 아프가니스탄에서 있었던 전쟁이 된다. 제2차 세계대전 이후 냉전 시대를 거치며 미국의 현실을 대표하는 아이언맨이 미국의 적국들로 인해 심장을 다친다는 설정은 곧 그들로 인해 미국 정부의 중심부가 타격을 받았다는 것을 상징한다. 시빌 워의 말미에 캡틴 아메리카가 투항함으로써 토니 스타크가 쉴드의 국장으로 임명된다는 결말 역시 예사롭지 않다.

신화적 기원

그리스 신화에는 이미 훌륭한 공학자들이 존재한다. 대표적인 인물로는 인간 다이달로스와 대장장이 신 헤파이스토스를 들 수 있다. 다이달로스는 반인반수인 미노타우로스를 가둔 미궁 '라비린토스'와 이카루스의 '밀랍날개'를 개발한 장본인이다. 아이언맨의 날아오르는 수트가 이카루스의 날개를 연상시킨다면, 아이언맨의 기원이 된 신화 속 주인공은 아마도 다이달로스일 것이다. 한편 대장장이 신 헤파이스토스는 재주가 몹시 비상해 감히 만들지 못하는 기구가 없었다고 전해진다. 아이언맨뿐만 아니라 이후 언급할 행크 핌이나 리드 리처즈 역시 이 최초의 공학도들의 모습과 흡사하다.

또한 어벤져스의 신화적 기원을 따라가며 언급했던 아르고호를 상기해 보자. 그리스 신화 속에서는 아르고스가 조각한 말하는 헤라 여신상이 현대의 인공지능 내비게이션 역할을 담당했었다. 조각상을 뱃머리에 단 아르고호의 이미지에서 우리는 최첨단 기술력을 동원하여 어벤져스를 이끄는 또 다른 아르고스들을 떠올리게 된다.

그러나 아이언맨의 외양과 이름을 떠올리게 하는 가장 적합한 신화는 프랑스 작가 부아고베Fortuné du Boisgobey의 소설《철가면 L'homme au masque de fer》(1878)이다. 이 소설의 본래 제목은《생 마르씨의 티티새 두 마리Les Deux Merles de M. de Saint-Mars》였지만 '철가면'이라는 제목으로 더 유명하다. 소설《삼총사Les Trois Mousquetaires》로 유명한 알렉상드르 뒤마 역시 삼총사의 노년을 그린 소설 다르타냥 이야기 중《브라줄론 자작Le Vicomte de Bragelonne》이라는 작품에서 철가면을 쓴 사나이에 대해 다루고 있다. 그는 루이 14세 시대에 실존했던 인물로 알려져 있으며, 가면을 쓴 채 바스티유 감옥에 수감되어 있던 정치범이라고 한다. 본디 그가 쓰고 있던 가면은 검정색 벨벳으로 만들어져 있었다고 전해지지만, 시간을 거치며 철가면을 쓴 것으로 변형되었다. 이 소설의 제목은 분명 아이언맨의 '아이언 마스크'를 떠올리게 한다. 어쩌면 아이언맨은 소설가가 되고 싶었던 스탠 리의 독서 편력과 만화적

111

상상력이 빚어낸 일종의 변종 캐릭터가 아닐지 조심스레 추측해 볼 수 있다. 게다가 실제로도 스탠 리는 알렉상드르 뒤마의 영웅 소설을 누구보다 사랑하지 않았던가.

스파이더맨 ★

데뷔작: 〈Amazing Fantasy #15〉(1962)

부모를 잃고 고아가 되었지만 숙부와 숙모의 사랑을 받으며 자란 피터 파커는 마블 세계에 등장한 최초의 십 대 히어로였다. 당시 히어로물에서 십 대들이 차지했던 위치란 히어로의 사이드킥 정도에 불과했을 뿐, 주인공으로는 독립되지 못한 상태가 대세였다.

스탠 리가 처음 이 캐릭터를 선보이고자 했을 때 마틴 굿맨은 스파이더맨을 좋아하지 않았다. 스탠 리는 이 십 대 '미성년자 주인공 캐릭터'에 대한 발상으로 마틴 굿맨과 벌인 언쟁에 대해 회고한다. 마틴 굿맨이 스파이더맨을 거부했던 이유는 다음과 같았다. 첫째, 사람들은 거미를 싫어하기 때문에 '거미 인간'이라는 이름은 적절치 않다. 둘째, 10대들은 히어로의 조수가 될 수는 있어도 주인공은 될 수 없다. 셋째, 영웅은 스파이더맨처럼

실생활의 문제들을 겪어서는 안 된다는 것이다.[31]

마틴 굿맨이 스파이더맨이라는 캐릭터에 반감을 표현한 이유를 살펴보면 그 당시 슈퍼 히어로 만화계의 동향을 어느 정도 파악할 수 있다. 분명 스파이더맨은 기존의 도식을 뒤엎은 의외의 히어로였다. 그러나 마틴 굿맨의 예상은 보기 좋게 빗나가 버린다.

여느 사춘기 소년들과 마찬가지로 교우 관계나 미래에 대해 고민하는, 게다가 고학생으로서 힘겨운 삶을 사는 피터 파커의 현실적인 모습에 젊은 독자들은 순식간에 공감대를 형성했다. 총명한 과학도였던 그는 어느 날 연구실에서 방사능에 노출된 거미에 물리는 바람에 본의 아니게 기이한 능력을 갖게 된다. 그는 거미처럼 자유자재로 손에서 실을 뿜어내며 이동할 수 있으며, 벽에 붙어 기어오를 수 있고, 재생 능력과 민첩함 또한 갖췄다. 처음 만화에 등장한 스파이더맨 피터 파커는 말한다. "세상 사람들은 소심한 십 대 소년을 비웃겠지만, 곧 스파이더맨의 엄청난 능력에 놀라게(Marvel) 될 것"이라고.

초인적인 능력을 얻은 피터 파커는 자신의 능력을 시험하

31   스탠 리, 《스탠 리의 슈퍼히어로 드로잉》, 오윤성 옮김, 한스미디어, 2014, p.73 참고.

고자 프로레슬링 대회에 가면을 쓰고 출전해 근육질 프로레슬러와 만나 결투를 벌였으며, 그때부터 "가면 쓴 놀라운 꼬마A little masked marvel"라는 별칭으로 불렸다. 스탠 리는 이처럼 '마블(Marvel)'이라는 용어를 스파이더맨 만화 표지와 에피소드에 반복해 사용하면서, 이 새로운 캐릭터의 특성과 미리 구상해 두었던 회사 이름을 연결시켰다.[32] '마블 코믹스'의 진정한 역사는 이처럼 스파이더맨의 성공과 더불어 시작된다.

초인적 능력은 얻은 지 얼마 되지 않은 시기에 피터 파커는 이를 과시적으로 사용했을 뿐, 자신에게 부여된 그 힘의 진정한 의미를 미처 깨닫지 못하고 있었다. 그러던 어느 날 가까이 지나가던 강도를 그가 적극적으로 막지 않고 방관해버린 끝에, 그 강도는 결국 아버지와도 같은 벤 삼촌을 살해하고 만다. 피터 파커는 극심한 괴로움에 빠진 채 비로소 자신이 어떤 선택을 해야 하는가를 고민하기 시작한다. 스탠 리는 피터 파커가 고통스러워하는 모습의 말미에 이후 마블을 대표하게 될 다음과 같은 문구를 덧붙인다. "그는 결국 깨달았다. 큰 힘에는 반드시 큰 책

32 밥 배철러, *op. cit.*, p.190.

임이 따른다는 사실을."[33]

이 사건으로 큰 변화를 겪은 피터 파커는 자신의 능력을 범죄와 싸우는 데에 사용하기로 결심한다. 고학생인 그는 아르바이트로 보수 언론사 데일리 뷰글의 편집장 조나 제이머슨 밑에서 프리랜서 사진 기자로 일하며 자기 자신인 스파이더맨의 모습을 가장 먼저 찍은 덕분에 특종을 쏟아낸다.

스파이더맨은 처음부터 어벤져스의 일원이었던 것은 아니지만 후일 아이언맨과 친분을 갖게 되면서 팀에 합류한다. 만화 《시빌 워Civil War》에서 피터 파커는 초인 등록법을 지지하는 아이언맨의 제안과 메이 숙모의 진지한 권유로 스파이더맨 가면을 벗고 대중 앞에 선다.

가면을 벗은 대가는 예상보다 상당했다. 우선 그가 일했던 데일리 뷰글은 허위 진술 및 사기 혐의, 계약 위반을 이유로 피터 파커를 고소했다. 뒤이어 그에게 원한이 있던 사람들과 빌런들이 동요하기 시작하면서 피터 파커는 점점 더한 난관에 봉착한다. 또한 토니 스타크가 초인 등록법에 반대하는 히어로들과 맞설 것을 매스컴을 통해 발표하고, 그 반대편의 수장이 캡틴 아메리카라는 사실을 알게 된 스파이더맨은 점차 자신의 섣부른

---

33 *Ibid.*, p.191.

결정이 히어로 본연의 임무에 위배되는 것이었음을 깨닫는다. 게다가 초인 등록법을 반대한 히어로들이 '네거티브존'에 영원히 감금될 수 있다는 끔찍한 사실을 접한 후, 그는 다시금 대중 앞에서 이를 폭로한다.

신화적 기원

'거미 인간'에 대한 가장 오래된 신화적 기원은 아마도 그리스 신화에 등장하는 아라크네 신화가 아닐까? 길쌈과 자수 솜씨가 뛰어났던 아라크네는 자신의 실력을 과신한 나머지 아테나와 겨루어 보고 싶다는 의사를 내비친다. 결국 그녀는 아테나와 베 짜기 대회를 벌이게 되었고, 겨루기가 시작되자 아테나는 아라크네의 오만함을 꺾고자 신들의 위력을 나타내는 그림들로 자신의 천을 채워 나갔다. 아라크네는 경고를 무시한 채 오히려 자신의 천에 신들의 허물을 폭로하는 내용의 그림을 짜 넣는다. 이에 분노한 아테나는 들고 있던 북으로 아라크네가 짜고 있던 천을 찢어버렸을 뿐만 아니라, 급기야 그녀를 거미로 변하게 만들었다. 거미가 된 아라크네는 평생에 걸쳐 실을 잣는 일을 해야 하지만, 그 실은 결코 인간들에게 아름다움을 선사해 주지는 못할 것이다.

인간과 거미를 연관 지은 이 가장 오래된 신화는 언뜻 스파이더맨과 직접적인 연관이 없어 보이지만, 스파이더맨이 거미의 생리적 특성을 가진 인간이라는 점에서는 어느 정도 공통점이 있다. 무엇보다 흥미로운 점은 '거미의 능력'이 상징하는 바다. 아라크네에게 있어 거미의 생체 능력은 저주이지만, 스파이더맨에게는 초인적 능력이다. 그러나 스파이더맨이 이 능력으로 인해 겪게 된 갖가지 고난을 고려해 보건대, 이것은 축복인 반면 때로는 저주이기도 하다. 피터 파커 자신은 스스로의 이 능력을 과연 어떻게 받아들이고 있을까?

헐크 ★

117

데뷔작: ⟨The incredible Hulk⟩(1962)

헐크는 마블의 히어로 중 가장 잘 알려진 캐릭터로, 영화 이전에 이미 TV 드라마로 제작되어 많은 사랑을 받았다. 특히 브루스 배너가 녹색 괴물 헐크로 변신할 때의 모습은 당시의 기술력으로는 보기 드문 충격적인 장면이었는데, 만일 그 장면을 아직 기억하고 있는 시청자들이라면 지금의 CG가 주는 충격은 오히려 그에 미치지 못한다고 평가할지도 모른다.

로버트 브루스 배너는 본래 과학자였다. 그러나 우연한 사고로 인해 감마선에 노출되어 이중인격을 가진 히어로 '헐크'가 된다. 여기에는 그의 유년 시절의 경험이 작용하는지도 모른다. 브루스 배너는 어린 시절부터 아버지에게 학대 당했으며, 폭력적인 아버지로 인해 어머니마저 잃고 만다. 어린 브루스 배너의 가슴 속에 자리한 거대한 분노는 그가 타인으로 인해 화가 났을 때 걷잡을 수 없이 폭발해 그를 완전히 다른 인격체로 만들어 버린다.

그가 자신의 신체적, 정신적 변화를 받아들이고 통제하기까지는 상당히 오랜 시간이 필요했다. 헐크의 위력과 파괴력은 때로 통제권을 벗어나기 일쑤였기에 그는 어벤져스의 다른 멤버들과도 잦은 마찰을 빚었고, 어벤져스에 합류했다가 떠나기를 반복한다. 동료들의 지지와 이해로 난관을 극복할 때도 있었지만 헐크 안의 폭력성과 분노는 때때로 어벤져스를 곤경에 빠뜨리곤 했다.

이 캐릭터는 스탠 리가 탄생시켰고, 1962년 5월에 처음으로 독자들 앞에 선보였다. 당시 스탠 리는《판타스틱 포》라는 독창적인 히어로 집단을 창조하여 좋은 반응을 얻고 있었는데, 새로운 캐릭터를 구상하던 중 '괴물'이라는 존재가 사람들에게 불러일으키는 호기심과 연민에 주목했다. 이는《판타스틱 포》의 캐릭터들 중, 가장 많은 팬레터를 받은 캐릭터가 '더 씽(벤 그림)'이었다는 데에 착안한 것이다. 평소 문학 작품과 신화 등을 접하며 작가의 길을 걷고자 했던 스탠 리는 《프랑켄슈타인Frankenstein》이나 《파리의 노트르담Notre-Dame de Paris》에서 괴물처럼 등장하는 콰지모도 등의 캐릭터에서 영감을 받아 만화 독자들이 연민과 공포를 느낄 수 있을 새로운 괴물을 만든다. 여기에 히어로 특유의 비밀 신분을 부여하고자 《지킬 박사와 하이드The Strange Case of Dr. Jekyll and Mr. Hyde》에 등장하는 변신 캐릭터의 이미지를 더했다.[34] 낮에는 누구보다 이성적인 과학자지만, 밤이면 하이드 파크를 떠돌며 범죄를 저지르는 하이드 캐릭터를 헐크에 덧입힌 것이다. '하이드(Hyde)'라는 이름과 그가 밤에 활동하는 주요 공간인 '하이드(Hyde) 파크'라는 명칭 간에는 어감 상 무언가를 감추고자(Hide) 한다는 묘한 공통점이 감지된다.

《인크레더블 헐크The incredible Hulk》는 시대를 거쳐 계속 쇄신되었다. 코믹스 세계에서 브루스 배너는 다중인격으로 묘사된다. 이쯤에서 스탠 리가 처음 작품을 선보였을 때 벌어진 웃지 못할 에피소드를 소개해야 할 듯하다. 1962년 헐크를 처음 선보였을 때 스탠 리가 의도한 헐크의 피부색은 회색이었다. (처음 등장했던 1962년 잡지의 표지 그림에서도 헐크는 분명 회색이다.) 문제는 당시의 인

---

34 스탠 리, 피터 데이비드, 콜린 도란, *op. cit.*, pp.72-73.

쇄기술이 그가 원하는 색을 정확히 재현해 줄 수 없었다는 데에 있었다. 두 번째로 헐크가 등장했을 때 그는 어쩔 수 없이(아마도 인쇄기술의 한계로) 녹색 피부의 괴물이 되어 있었으며, 급기야 붉은색으로 등장한 적도 있다고 한다.[35]

더욱 흥미로운 사실은 ―스탠 리의 본래 의도와, 그럼에도 제대로 구현되지 못한 헐크의 피부색에 대한 오마주인지는 몰라도― 이후에 등장하는 헐크의 또 다른 인격들 혹은 유사 캐릭터들을 통해 이 피부색의 변천사가 은연중에 드러나고 있다는 점이다. 일반적으로 알려진 녹색 괴물의 모습 이외에 만화에 등장하는 헐크의 또 다른 인격으로는 '회색 헐크'를 꼽을 수 있다. 이 인격은 브루스 배너가 심리 치료를 받던 중 탄생했다. 또한 이후에 헐크의 측근으로 등장하는 '레드 헐크'는 브루스 배너와 친분이 있던 로스 장군이 변신한 모습이며, 그의 딸이자 헐크의 첫 번째 아내였던 베티는 '레드 쉬 헐크'라는 또 다른 이름으로 붉은 헐크의 면모를 과시한다. 하지만 헐크 캐릭터가 지나치게 분화되었을 뿐만 아니라, 만화의 배경이 지구와 외계를 넘나들며 종횡무진하는 까닭에, 브루스 배너가 정체성에 대해 혼란을 겪는 만큼 독자들 또한 그의 혼돈에 함께 휘말리곤 한다.

---

35 *Ibid.*, p.75.

신화적 기원

앞서 언급한 《프랑켄슈타인》, 《파리의 노트르담》, 《지킬 박사와 하이드》와 같은 비교적 현대적 신화들을 제외하고, 헐크를 대변할 신화로 헤라클레스 신화를 꼽는 것은 단지 그가 지닌 초인적 괴력 때문만은 아니다. 헤라클레스는 헤라에게 미움을 산 나머지 때때로 그녀의 저주에 걸려드는데, 이 때문에 간혹 이성을 잃고 광기에 사로잡혀 스스로 통제하지 못할 지경에 이르곤 했다. 그는 이러한 광기로 인해 자신의 첫 부인과 아이들을 죽이게 된다. 자신의 어머니를 죽인 아버지로부터 통제 불능의 분노를 이어받은 헐크 또한 스스로를 통제하고자 애쓰지만 그것은 생각만큼 쉽지 않다. 헐크의 숙제는 무엇보다 자기 통제에 있으며, 헐크는 숙명적으로 얻게 된 이 위력의 의미를 다시금 숙고하게 만드는 캐릭터이다.

물론 마블의 히어로들 중에는 헤라클레스와 동명인 캐릭터 '허큘리스'가 있다. 그의 아버지는 제우스이며 그 또한 괴력의 소유자이다. 헤라클레스의 화신은 어쩌면 헐크보다는 허큘리스임이 명백하지만, 마블의 가장 사랑받는 영웅 중 하나인 헐크의 내면을 지배하는 원형적 모티브는 분명 헤라클레스 신화와 연관이 있다. 뿐만 아니라 우리가 앞서 언급한 《지킬 박사와 하이드》의 주인공 하이드 역시 마블의 빌런으로 재탄생한 바 있다.

다만 그의 본명은 지킬이 아닌 '캘빈 자보'이다. 캘빈 자보는 소설 속 지킬 박사처럼 인간 윤리에 대한 호기심으로 인해 자신을 변신시킨 것이 아니라, 단지 재정적 위기 때문에 불법적으로 시작한 연구를 계기로 괴물이 된다. 이처럼 헐크의 진정한 신화적 기원을 밝히는 일은 그의 다중인격 못지않게 복잡하다.

앤트맨과 와스프 ★

데뷔작: ⟨Tales to Astonish #44⟩(1963)

헐크인 브루스 배너가 커진다면, 앤트맨인 행크 핌은 작아진다. 만화 원작에 등장하는 행크 핌은 영화에 비해 상당히 비중 있게 다루어진다. 이른바 '핌 박사'로 알려진 헨리 행크 핌은 1대 앤트맨이다. 그는 사용하는 이의 몸 크기를 자유자재로 키웠다 줄였다 할 수 있는 핌입자를 개발했고 이 연구로 아원자 연구에 혁신을 가져왔다. 그는 자신의 동료였던 버논 반 다인 박사와 이 연구를 공동으로 진행하고 있었다. 그가 개미를 연구하게 된 데에는 이유가 있다. 핌입자 첫 실험에서 그는 우연히 개미둑에 갇혔고, 그곳에서 탈출한 후 '앤트맨'이 된다. 그가 쓰고 있는 헬멧은 개미들과 뇌파로 소통할 수 있게 도와주는 도구이다.

외계인의 공격으로 동료 버논 반 다인 박사가 죽은 후, 행크 펌은 그의 딸 재닛 반 다인과 함께 그녀의 아버지를 위한 복수를 시작하며 '앤트맨과 와스프'라는 팀을 구성한다. '말벌'을 의미하는 '와스프'는 크기가 줄어들 때마다 날개가 생기며, 벌의 독침과 같은 전기 에너지를 방출한다. 또한 앤트맨과 마찬가지로 몸의 크기를 조절할 수 있다. 만화 원작의 세계에서 이들은 실질적인 어벤져스의 창설 멤버이자 팀의 이름을 지은 장본인이다. ('어벤져스'라는 슈퍼히어로팀을 구상한 것은 행크 펌이며, '어벤져스'라는 이름을 지은 것은 바로 자신의 아버지에 대한 복수에 성공했던 와스프였다.)

행크 펌 박사는 펌입자가 사람의 몸을 작게 할 뿐만 아니라 커지게도 만들 수 있다는 사실을 알게 되고, 이 신기술과 더불어 '자이언트맨'이라는 이름으로도 활동한다. 초소형에서 초대형으로 크기 전환이 가능한 이 독특한 능력, 엄밀히 말해 이 기술력은 이후 2대 앤트맨 스콧 랭에게 전수된다. 마블 시네마틱 유니버스 『앤트맨』 시리즈의 주인공은 2대 앤트맨인 스콧 랭과 행크 펌 박사의 딸 호프 반 다인으로, 영화에서는 이들이 앤트맨과 와스프로 어벤져스에 합류하는 모습을 그리고 있다.

영화에서와 달리 코믹스의 세계에서 1대 앤트맨 행크 펌은 리드 리처즈와 브루스 배너에 버금가는 천재 과학자로 등장하며, 때로 아이언맨과 협업한다. 또한 영화『어벤져스: 에이지 오브 울트론』에서는 브루스 배너와 토니 스타크가 울트론을 창조한 것으로 그려지지만, 코믹스에서 울트론을 창조한 것은 행크 핌 박사이다. 그의 정신 상태는 늘 불안했고, 자신이 창조한 이 기괴한 괴물로 인한 죄책감이 컸다. 영화에서와 달리 만화에서 행크 핌의 결혼 생활은 그리 원만하지 못했다. 뿐만 아니라 만화 속에서 그의 신분은 헐크 못지않게 다채롭다. 그는 앤트맨이자 자이언트맨이며, 골리앗이자 옐로재킷이다. 게다가 와스프가 전투 중 목숨을 잃은 것으로 알고 있었을 때에는 잠시 와스프로 활동하기도 했다.

한편 스콧 랭은 공학도 출신으로, 전기 기술자로 일하던 중 전과자가 되지만 출소 후 스타크 인터내셔널에 채용된다. 그는 딸 캐시의 생명을 구하고자 앤트맨 코스튬을 훔친 일로 인해 행크 핌과 인연을 맺는다. 어벤져스에 합류한 스콧 랭과 와스프는 영화 속에서 1대 앤트맨과 와스프 못지않은 팀워크를 과시하며 『어벤져스: 엔드게임』에서 팀을 승리로 이끄는 데 결정적인 역할을 한다.

신화적 기원

몸집의 '크기'로 보통 인간과의 차별성을 두는 신화는 이미 오래전부터 존재했다. 거인이나 난쟁이에 관한 신화는 고대부터 빠지지 않고 등장한다. 아마도 이와 관련된 이야기 중 가장 오래된 것은 《일리아스^{Ilias}》에 등장하는 피그미족에 대한 이야기일 것이다. 그에 따르면 지금의 에티오피아에 거주하는 소인 종족 피그미족은 키가 약 50센티미터 정도로, 전설에 의하면 그들은 타조알 껍질에서 살며, 자고새가 끄는 마차에 타 곡식을 훔치려는 학들과 치열한 전쟁을 벌이도록 운명 지어졌다는 것이다. 또한 피그미족 여자들은 세 살에 임신해 열 살이 되기 전에 전부 죽는다. (철학자 아리스토텔레스는 이들의 실존을 굳게 믿었다.)

신화 속 소인종족으로는 키가 약 75센티미터 정도인 트리스피탐인과 미르미돈족이 있다. 트리스피탐인들은 인도의 갠지스강에 살았고, 미르미돈은 아킬레우스를 따르는 뮈르맥스^{murmex}, 즉 그리스어로 '개미'를 뜻하는 테살리아의 옛 민족이다.[36] 몹시 화가 난 제우스가 이들을 개미로 만들어 버렸다는 전설이 사실이라면, '개미'를 뜻하는 미르미돈족이야말로 진정한 앤트맨의 조상일지 모른다.

크기에 대한 상대적 개념을 보다 깊이 있게 성찰한 또 다른 신화로는 조너선 스위프트의 《걸리버 여행기^{Gulliver's Travels}》를 들

---

36 카트린 몽디에 콜, 미셸 콜, 《키의 신화》, 이옥주 옮김, 궁리, 2005, pp.81-83.

수 있다. 주인공 걸리버가 소인국 릴리펏에 잡혀있었을 때 그는 마치 거인족 프로메테우스처럼 사슬에 묶인 채 생활해야 했다. 걸리버는 크기라는 개념은 상대적이라는 철학자들의 말에 공감하며 다음과 같이 자문한다. "(…) 크기가 작다는 개념은 상대적이라고 철학자들이 이야기한 것은 올바른 말이다. 릴리피트의 작은 사람들과 나를 서로 비교할 때, 그들이 작은 것만큼 그들보다도 훨씬 작은 사람들이 사는 나라를 발견한다면 무척이나 재미있을 것이다. 그리고 괴물처럼 커다란 사람들도 아직 우리가 찾아내지는 못하였지만, 어느 먼 곳에서 내가 이들을 보는 것처럼 그들이 올려다 보아야 하는 어마어마하게 큰 사람들을 만나게 될 수도 있을 것이다."[37] 이러한 걸리버의 상상을 증명하듯, 걸리버는 곧이어 거인국인 브롭딩낵에서 소인으로서의 삶을 살아가게 된다. 이 책을 통해 작가 조너선 스위프트가 말하고자 했던 바는 크기가 크다, 혹은 작다는 개념이 비교를 통하지 않고는 성립될 수 없다는 데에 있다.

뿐만 아니라 앤트맨의 모습 속에는 동시대의 소설가 리처드 매드슨이 쓴 소설 《줄어드는 남자The Incredible Shrinking Man》의 주인

---

37 조너선 스위프트, 《걸리버 여행기》, 신현철 옮김, 문학수첩, 1993, p.105.

공 스콧 캐리가 담겨있다. (우연인지 2대 앤트맨의 이름 역시 '스콧 랭'이다!) 스콧 캐리는 어느 날 정체 모를 안개에 노출된 이후 매일 조금씩 작아진다. 그는 점점 소멸을 향해간다. 그를 소멸로 이끈 안개는 '방사능으로 인해 변이를 일으킨 살충제'였다. 방사능으로 인해 점점 작아지는 그가 거미와 싸우는 모습을 보고 있노라면, 방사능으로 인해 거미 인간이 된 스파이더맨과 개미처럼 줄어드는 앤트맨이 중첩되며 묘한 쾌감마저 느껴진다. 확실한 것은 《줄어드는 남자》가 스파이더맨과 앤트맨이 등장하기 훨씬 이전인 1956년에 출간되었다는 사실이다.

마블 히어로 중, 앤트맨은 신체의 크기 변화를 통해 우리를 새로운 세계로 인도한다. 그는 히어로지만 과학의 힘을 빌어 자신의 크기를 조절할 줄 안다. 그가 개미들과 함께 전투태세에 돌입할 때 우리는 현미경으로 개미굴을 관찰하고, 그가 거인으로 변신했을 때는 작아진 우리를 바라본다. 앤트맨은 이처럼 거대한 것의 숭고함과 작은 것의 하찮음을 모두 경험한다. 그리고 이 독특한 히어로를 통해 우리 역시 우리의 진정한 크기와 위치를 비로소 가늠해 보게 되는 것이다.

토르

데뷔작: 〈Journey into Mystery #83〉(1962)

스파이더맨이라는 획기적인 히어로를 탄생시킨 스탠 리는 헐크를 방불케 하는 새로운 캐릭터를 고안하고자 했다. 강력한 초록색 괴물을 능가할 히어로는 어떤 존재일까 고민하던 그는 인간이 아닌 신을, 그것도 북유럽의 신 중 하나를 캐릭터로 삼는다. 그때까지만 해도 생소했던 신화 속 주인공인 이 천둥의 신은 신들이 머무는 세계인 아스가르드를 지배하는 왕 오딘의 아들 토르이다.

토르는 어린 시절부터 아버지 오딘을 따라 전장을 누비며 성장했고, 아스가르드를 다스릴 용맹하고 충직한 전사의 자격을 갖추어야만 지닐 수 있는 망치인 '묠니르Mjollnir'의 주인이기도 하다. 그러나 자신의 힘을 과신해 오딘의 눈 밖에 나게 된 토르는 오만함에 대한 벌로 인간들의 세계인 미드가르드, 곧 지구로 추방된다. 오딘은 아들의 기억과 능력을 제거해 버렸고, 토르는 자신의 진정한 정체를 잊은 채 낯선 지구에서 지팡이에 의존해야만 보행이 가능한 의사 도널드 블레이크로 살아가게 된다. 그러던 중 우연히 지팡이가 돌에 부딪히자 천둥의 신 토르의 모습으로 변한다.

이복동생인 로키의 질투로 인해 지구가 위기에 직면하자 토

128

르는 어벤져스에 합류하여 다른 슈퍼 히어로들의 도움을 받게 된다. 거의 불사신에 가까운 그는 최강의 무기 묠니르를 사용해 하늘을 날 수 있을 뿐만 아니라, 차원 간의 이동도 가능하며, 에너지 블래스트를 방출할 수 있다. 묠니르는 아스가르드의 소인족 드워프들이 만든 것인데, 여기에는 "이 망치를 집어드는 자, 그가 자격이 있다면 토르의 힘을 소유하게 될 것이다"라고 적혀 있다. 때때로 토르가 망치를 휘두를 자격을 잃었을 때, 그는 묠니르 대신 전투용 도끼 '야른보른'을 사용한다. 한편 어벤져스 멤버 중 토르를 제외하고 유일하게 묠니르를 들 수 있는 히어로는 바로 캡틴 아메리카이다.

로키 또한 토르와 마찬가지로 불사신이다. 그는 상당한 지적 129 능력의 소유자이며 마법과 마술에 능하다. 로키는 본디 요툰헤임의 왕 라우페이의 아들이며 얼음 거인이지만 오딘이 전쟁터에서 라우페이를 죽인 후 어린 로키를 발견하고 연민을 느껴 양아들로 삼았다. 그는 오딘의 친아들인 토르와 왕좌를 두고 갈등을 벌이면서 아스가르드를 차지할 계략을 꾸민다. 로키는 스스로를 거짓과 기만의 신이라 부르는데, 초창기 어벤져스에서는 로키의 악행이 토르를 포함한 어벤져스를 결성하는 계기로 작용한다. 그는 변신술에 능하며 환생할 때마다 다른 모습을 취할 수 있다.

신화적 기원

토르와 로키의 신화적 기원은 예상대로 풍부하다. 마블 시네마틱 유니버스는 이 장대한 북유럽 신화를 분리해 독립된 한 편의 영화 『토르: 라그나로크』로 제작했다. 그러나 실제 북유럽 신화와 마블의 세계관으로 흡수된 이야기 간에는 다소 차이가 있다. 북유럽 신화에서 신들이 사는 곳은 아스가르드, 인간이 사는 세계는 미드가르드로 구분되지만, 미드가르드는 만화 원작《토르》에서는 지구로 묘사되고 있다. 인간계와 아스가르드를 연결하는 매개는 무지개다리 비프로스트로, 이곳의 충직한 수문장은 헤임달이다. 아스가르드 아래에는 요툰헤임이라는 거인들의 주거지역이 있는데, 이 거인계와 인간계 사이는 거대한 성벽으로 가로막혀있다.[38] 또한 그 아래에는 니플헤임이라는 매우 추운 얼음세계가 자리하고 있고, 아스가르드의 위에는 무스펠헤임이라는 매우 뜨거운 불의 세계가 위치한다.

아스가르드를 지배하는 전쟁의 신 오딘은 북유럽 신화 속에서 지식에 대한 탐닉으로도 유명하다. 그가 한쪽 눈을 잃게 된

130

---

38 북유럽 신화에 등장하는 이 '성벽'의 이미지는 다양한 콘텐츠들 속에 변용되어 나타난다. 예를 들어 소설《왕좌의 게임》시리즈의 '장벽', 혹은 만화《진격의 거인》시리즈의 '성벽' 등은 분명 북유럽 신화에 그 기원을 두고 있다고 볼 수 있다.

이유는 지식의 샘물을 단 한 모금 얻어 마시기 위해 이 샘을 지키던 거인 미미르에게 한쪽 눈을 내어주었기 때문이라고 전해진다. 뿐만 아니라 그는 룬 문자의 비밀을 파헤치고자 자신의 몸에 창을 찌르고 세계수 위드그라실에 아흐레 동안이나 목을 매단 적도 있다. 그는 매일 갈까마귀 후긴—'생각'이라는 뜻—과 무닌—'기억'이라는 뜻—을 전 세계에 보내 정보를 모으면서 세계가 한눈에 보이는 옥좌에 앉아 감시했다. 그리스의 신들과 마찬가지로 오딘 역시 완벽한 신의 모습을 갖추었다기보다는 때론 자신의 이익을 위해 행동하는 이기적 인간의 면모를 지니고 있다. 또한 인간처럼 죽음을 맞이한다. 최후의 전쟁 '라그나로크'에 대비해 병력으로 사용할 죽은 자의 영혼 '에인헤리아르'가 필요해지자, 이 병력을 모으기 위해 일부러 인간 세계인 미드가르드에 분란을 일으켜 전사자를 만들기도 한다.

오딘의 아들이자 천둥의 신 토르는 북유럽 신화에서 특히 날씨를 주관하는 신으로 알려져 있으며, 빨간 수염에 다혈질이지만 인간들에게는 호의적이다. 묠니르라는 망치로 번개를 만들 수 있고, 목표물을 정확히 명중시킨다. 이 망치는 에이트리라는 재주 좋은 난쟁이 장인이 만든 것이다. 또한 토르가 착용하는 허리띠 '메긴교드르Megingjord'는 그의 힘을 한층 더 강력하게 해 주는 도구이다.

로키는 마블 만화 원작과 영화에서처럼 변신과 마법에 능하지만, 북유럽 신화 속에서는 오딘의 양아들이 아닌 의형제이며 거인족의 악신이다. 그가 어떻게 아스가르드에 오게 되었는지는 알려진 바가 없다. 신화 속 로키는 '앙그르보다'라는 여자 거인과의 사이에서 세 남매를 얻게 되는데, 첫째는 '요르문간드'라 불리는 거대한 용이며, 둘째는 '펠리르'라는 거대 늑대이고, 셋째는 '헬'이라 불리는 명계의 여신이다.

영화 『토르: 라그나로크』의 첫 장면을 떠올려 보자. 바로 '수르트'라는 거대 괴물이 토르를 생포해 괴롭히는 장면이다. 라그나로크 전쟁은 북유럽 신화에서 최후의 전쟁이라 불리는데, 이는 앞서 언급한 무스펠헤임과 니플헤임의 망자들과 거인이 신들을 공격함으로써 시작된다. 영화 속에서 온몸이 불처럼 타오르는 뿔 달린 거인 괴물인 수르트는 무스펠헤임의 거인이기에 토르와 대적한 것이다. 신화 속 로키의 자손들인 요르문간드와 펠리르, 그리고 헬 또한 영화에 등장하지만—영화에서는 헬이 아닌 '헬라'로 등장한다—, 사실 헬은 신화 속 라그나로크 전쟁에 참여하지 않았다. 또한 영화에서는 헬라가 토르와 로키의 악한 누이 격으로 등장하지만, 신화 속에서는 로키의 딸이다. 거대 늑대인 펠리르는 신화에서 오딘을 삼켜 죽인 괴물이다. 신화에서 토르는 요르문간드와 싸우다 함께 죽는다. 이처럼 북유럽 신화에서는 로키의 괴물 자식들이 오딘과 토르를 살해한다.

영화에 등장하는 매력적이고 강인한 여전사 발키리는 신화에서는 '발키리에'라 불리는 소녀들로, 오딘의 명령에 따라 전쟁터에서 싸우는 전사들의 운명을 결정하고 그들의 영혼을 오딘의 궁전인 '발할라'로 이끄는 역할을 한다. 발할라는 오딘의 소유가 된 전사자들의 영혼이 숙식과 훈련을 하는 곳이다.

블랙 팬서 ★

데뷔작: 〈Fantastic Four #52〉(1966)

블랙 팬서는 1960년대에 스탠 리와 잭 커비의 손에서 탄생한 133 흑인 히어로다. 마블 코믹스가 1960년대 초반부터 다양한 캐릭터들을 선보이기 시작했음에도 불구하고, 꽤 오랜기간 동안 특별한 능력을 가진 흑인 히어로는 등장하지 않았다. 블랙 팬서는 1966년 7월 〈판타스틱 포 #52〉의 한 에피소드에 처음 등장했다. 레지날드 허들린이 언급한 것처럼 블랙 팬서는 곧 "블랙 캡틴 아메리카"[39]다. 캡틴 아메리카가 미국의 건국 이념을 상징하

---

39 레지날드 허들린, 존 로미타 주니어 외, 《블랙 팬서: 블랙 팬서는 누구인가?》, 이규원 옮김, 시공사, 2018.

는 이상적인 캐릭터이듯이, 블랙 팬서는 와칸다라는 가상 국가의 이상을 대변하는 존재이다. 그는 아프리카 대륙이 지닌 무한한 잠재성을 상징하는 마블 최초의 흑인 히어로이기도 하다. 유럽의 강대국들에 의해 식민지화되고 늘 정복과 수탈에 시달려온 아프리카 대륙의 이미지는 단 한 번도 정복된 적 없는, 우리보다 천년도 더 진보한 문명을 지녔으며, 최첨단 기술로 무장한 부유한 왕국 와칸다로 인해 와해된다. 와칸다는 다량의 지하자원 및 천연자원을 보유하고 있지만, 태양 에너지, 수소 에너지와 같은 대체 에너지를 사용하기 때문에 자원 채굴을 필요로 하지 않는다. 유럽인, 보어인, 미국인이 그간 이 땅을 침공하고자 했지만, 그들은 철저한 고립 속에서 자국의 국방과 독립을 유지해 왔다.

블랙 팬서인 트찰라는 와칸다 왕국을 다스리는 전사 출신의 지도자로, 종교, 정치, 군사권 모두를 행사한다. 그는 어벤져스의 어느 영웅과 견주어도 밀리지 않을 만한 능력을 겸비했다. 만화 원작에서는 선왕 트차카의 아들로 태어나 어린 시절 악당 클로의 손에 아버지를 여의고 그에게 원한을 갖는다. 클로의 조상은 인종 차별로 악명 높은 남아프리카 공화국을 세운 이들이다. 트찰라가 어린 시절, 삼촌 스얀이 블랙 팬서의 역할을 대신 맡았으나, 그가 성인이 된 후에는 왕위를 되찾는다. 대대로 와칸다의 왕은 왕국의 모든 부와 기술을 가능케 하는 특수 물질 비브라늄—
'바이브레이션'의 어원으로, 모든 진동을 흡수하는 특수한 물질이다. 캡틴 아메리
카의 방패 역시 이 물질로 만들어졌다—을 지키고 보호할 임무를 맡는다.

와칸다에 전해져 내려오는 이야기에 따르면, 비브라늄은 수
천 년 전 유성과 함께 와칸다에 떨어졌고, 그들이 '성스러운 구
릉'이라 부르는 곳에 무한정 매장되어 있다. 트찰라는 비브라늄
을 이용해 와칸다를 최첨단 장비로 무장된 낙원으로 발전시켰
고, 자주적인 국가로서 독립된 상태를 유지하고자 노력했다.

블랙 팬서가 처음부터 어벤져스의 정식 멤버로 등장한 것은
아니다. 그가 1966년 7월 〈판타스틱 포 #52〉를 통해 처음 등장
했을 때 그는 사이드킥 정도의 비중을 차지하는 데에 그쳤다.
그러나 점차 인기가 상승하며 독립된 히어로로 등장하게 되었
고, 머지 않아 어벤져스에 합류하면서 뉴욕과 와칸다를 오가며
활약하기에 이른다.

블랙 팬서가 처음 등장했던 이 시기는 바로 미국 내에 인종
간의 갈등이 유독 심화되고 특히 흑인 운동이 본격적으로 시작
되고 있었던 때였다. 블랙 팬서의 출현은 우연이라기보다는 그
야말로 시기적절한 것이었다. 1960~70년대 사이에 활발했던
흑인 운동은 정신적이고 사회적인 행위를 넘어서 여러 예술 분

야로 확장되고 있었고, 블랙 팬서의 탄생은 이러한 시류에서 요구되던 대중들의 심리를 적절히 반영하고 있었다. 마틴 루터 킹 Martin Luther King, Jr. 목사나 맬컴 엑스Malcolm X처럼 흑인 운동의 중심에 있던 인물들의 이미지가 슈퍼 히어로라는 또 다른 상징으로 드러난 것이라고도 볼 수 있다. 또한 블랙 팬서의 등장은 이후 팔콘(1969)과 루크 케이지(1972)와 같은 또 다른 흑인 히어로들이 등장할 발판을 마련해 주었다.

블랙 팬서라는 캐릭터가 첫 선을 보인지 약 3개월 후 1966년 10월에 캘리포니아의 오클랜드에서는 동일한 이름의 정당, 즉 '블랙 팬서당Black Panther Party'이 만들어졌다. 이 당은 휴이 뉴턴 Huey Newton과 바비 실Bobby Seale이 창당했다. 하지만 단지 몇 개월 차이로 블랙 팬서당이 이 만화의 주인공 이름을 도용했다고 단정 짓기에는 무리가 있다. 그도 그럴 것이, 뉴턴과 실이 사용한 블랙 팬서라는 이름과 그 상징은 이미 그 전 해인 1965년에 탄생했고, 이때는 트찰라가 만화에 등장하기 전이었다.

이 정당의 실질적인 탄생은 1964년으로 거슬러 올라간다. 그 당시 미시시피에서는 선거권자들의 등록 작업이 한창이었다. 그러나 선거권자 등록은 오직 백인들에게만 주어진 권리였기에 선거 등록을 하고자 하던 흑인들은 앨라배마에서 '론데스 카

운티 자유 조직LCFO, Lowndes County Freedom Organization'을 필두로 하여 글을 읽지 못하는 유권자들을 위해 자신들만의 로고를 만든다. 로고를 위해 기용된 디자이너는 애틀랜타의 클라크대학교Clark College의 마스코트인 블랙 팬서를 채택했고, 블랙 팬서는 이때부터 정당의 로고가 되었다. LCFO는 이 로고 덕택에 '블랙 팬서 당'으로 더욱 유명해졌다. 휴이 뉴턴과 바비 실은 블랙 팬서라는 명칭과 로고를 사용해도 된다는 허가를 얻었고, 이러한 과정을 거쳐 결국 '블랙 팬서당'이 만들어질 수 있었다.[40] 따라서 이 명칭의 사용 경로는 명백하며, 이 과정에 〈판타스틱 포 #52〉가 영향을 끼쳤다는 증거는 없다.

2005년 한 인터뷰에서, 스탠 리는 "블랙 팬서라는 이름은 '블랙 팬서당' 이후에 온 것인가?"라는 질문에 "그것은 기이한 우연 (a strange coincidence)에 지나지 않는다"고 일축했다.[41] 스탠 리는 자신은 그저 첫 번째 흑인 히어로 캐릭터를 만들고자 했으며, 평상시 거미나 문어 등 동물에 관심을 둔 나머지 표범, 그중에서도 특히 검은 표범의 이미지를 차용한 것이라고 해명했다. 그

---

40 Brian Cronin, 〈Comic Book Legends Revealed #183〉, November 27, 2008. https://www. cbr.com/comic-book-legends-revealed-183/ 참고.

41 Maurice Mitchell, "The Secret History of Black Panther by Stan Lee", February 14, 2018. http://www.thegeektwins.com/2018/02/the-secret-history-of-black-panther-by.html

것이 정치적인 정당의 이름이며, 그 정당에 속한 사람들을 '검은 표범들'이라 부르는 탓에 많은 사람들이 이 둘 간에 어떤 관계가 있으리라 추측하는지 모르겠으나 적어도 이 캐릭터의 탄생과는 직접적인 관계가 없었다는 것이다. 그러나 인터뷰 내용에서 어렴풋이 드러나듯, 기존에 존재하던 블랙 팬서라는 명칭이 스탠 리에게 끼친 영향력을 전적으로 부인하기란 쉽지 않아 보인다. 이에 대한 압박 때문이었을까? 1972년 2월 〈판타스틱 포 #52〉에서 스탠 리는 '블랙 팬서'라는 명칭을 '블랙 레오파드 Black Leopard'로 변경하고자 했지만, 그 이름은 그다지 오래 가지 못했다. 결국 이 최초의 흑인 히어로의 이름은 〈어벤져스 #105〉에서 다시 '블랙 팬서'로 돌아온다. 이후 이 히어로의 이름은 아무런 변동 없이 지금에 이르렀다.

신화적 기원

'블랙 팬서'는 여러 면에서 새로운 신화를 만든 캐릭터이다. 이 캐릭터에는 아프리카의 과거와 미래가 공존하고 있다. 아프리카 신화 속에 등장하는 표범 인간의 이미지는 사악한 영혼에게 사로잡힌 악한 동물을 상징한다. 일례로 아프리카 반투족에게는 다음과 같은 표범 인간의 신화가 전해 내려온다.

어느 날 사람 고기가 너무나 먹고 싶었던 한 사나이가 맹수가 되기로 결심하고는 자신의 부인에게 아프리카의 음식인 카사바를 요리해 달라고 부탁한다. 그는 딱딱한 카사바로 자신과 꼭 닮은 형상의 사나이를 만들었다. 그리고 표범으로 변신할 수 있는 마법의 물질을 구해 자신을 표범으로 만들고는, 카사바로 만든 그의 가짜 분신을 대신 집으로 보낸다.

　표범의 몸을 지니게 된 사내는 황야를 뛰어다니며 양과 염소, 암소 등을 게걸스럽게 먹어치우고, 사냥 나온 사람들을 공격하는가 하면, 급기야 사람을 잡아먹기까지 한다. 표범이 된 사내는 여전히 인간의 영혼과 두뇌를 지니고 있었기에 교활하기 그지없었다. 이로 인해 고통받던 마을 사람들은 주술사를 불러 그를 퇴치하고자 한다. 주술사가 표범 인간의 힘을 약화시키는 노래를 부르고 난 후, 사냥꾼 한 명이 표범 한 마리를 발견하고 총을 쏜다. 가슴에 총을 맞은 표범 인간은 굴에서 죽은 채로 발견되었다. 동시에 카사바로 만든 사내 역시 고통스러워하며 가슴에 피투성이 상처가 생긴 채 죽고 말았다.[42] 인간 내면에 존재하는 야수성을 표범이라는 동물로 상징화한 이 전설은 블랙 팬서라는 동물의 강인함과 명석함을 암시하는 신화라 할 수 있다.

---

42 《아프리카의 신화와 전설》, 김윤진 엮음, 명지출판사, 2004, pp.56-58 참고.

다른 한편, 마블의 히어로 블랙 팬서는 고대로부터 내려오는 아프리카의 전통 신화를 완전히 배제하지 않으면서 아프리카인들에 대한 전혀 새로운 신화를 창조했다. 이미 1960년대에 처음 선보인 새로운 아프리카의 면모는 현재 '아프리카 미래주의', 혹은 '아프로퓨처리즘Afrofuturism'이라 불리는 독자적 개념이 생겨나는 데에 일조했다. 이 용어를 간단히 정의하기란 쉽지 않지만, '아프리카'와 '미래주의'의 결합으로 이루어진 '아프로퓨처리즘'이란 하나의 운동으로, 오늘날 흑인 고유 문화 내에서 아프리카 대륙의 미래를 전망하려는 하나의 시도이다.

이 용어는 1994년 한 백인 미국 비평가와 아프리카계 미국인 지식인들 간의 긴 논쟁 속에서 처음 등장했다. 마크 데리는 〈블랙 투 더 퓨처〉라는 에세이에서 "아프로퓨처리즘은 아프리카계 미국인의 테마들과 그들의 관심사를 20세기 테크노컬처의 맥락에서 다루는 사변 소설spectaculative fiction로, 더 일반적으로는 테크놀로지 이미지와 인공 기관으로 인해 향상된 미래를 점령한 아프리카계 미국인의 의미화 작용을 일컫는다."[43]고 정의한다.

아프리카의 미래 지향적 이미지는 주로 공상 과학 분야와의

---

43 Mark Dery, "Black to the future" in *Flame Wars: The Discourse of Cyberculture*, Duke University Press, 1994, p.180.

결탁을 통해 드러난다. 그것은 단순히 공상 과학과 현대적 기술력을 동일시하며 아프리카의 문화적 진보를 강조하기 위한 것이라기보다는, 아프리카인들이 겪었던 디아스포라의 경험과 밀접하게 연관되어 있다. 아프리카인들은 소위 문명사회를 구축한 이방인들에 의해 영토를 빼앗기고 떠돌았다. 그들 대부분은 자의와 상관없이 서구 문명사회 속에 편입되어 자신들 본연의 문화를 억압당한 채 낯선 행성에서 온 외계인들처럼 대우받으며 부당한 소외와 차별을 경험해야만 했다. 이들의 경험은 미래에 도래할 외계인들과의 공존, 식민지 행성의 개척 등과 같은 공상 과학적 주제들과 결합하면서 자신들의 과거사를 미래의 새로운 국면과 연관 짓는 방식으로 표출되었다. 비록 이 용어가 등장한 것은 1994년이지만, 이 용어 이전에도 이미 이 같은 미래 지향적 작품들이 등장하고 있었다.

141

1966년에 등장한 블랙 팬서는 만화에 있어 아프로퓨처리즘의 좋은 예가 되는 작품이다. 아프리카의 전통문화와 최첨단 문명이 결합하여 만들어낸 와칸다 왕국에서 과학과 주술, 기술과 마법은 구분되지 않는다. 강대국의 지배에서 벗어나고자 고립을 자처한 이 신비의 왕국은 미래지향적이며 환상적이다. 와칸다를 지배하는 트찰라와 그의 동생 수리는 최첨단 기술력을 활용하는 미래의 인류를 연상시킨다. 더 이상 강대국의 수탈 속에서 기아와 가난에 시달리는 아프리카가 아닌, 첨단 기술로 무장한 막강한 미지의 땅이자 결코 정복된 적 없는 와칸다는 우리의 통념 속에 자리한 아프리카 대륙의 이미지를 쇄신시키는 동시에, 점차 성장해 나아가는 이 대륙의 잠재력을 예견하는 새로운 공간으로 드러난다. 와칸다라는 특수 공간의 설정은 아프로퓨처리즘에 대한 새로운 경험의 장을 제공했다고 평가된다. 마블 역사상 최초의 흑인 히어로이자, 흑인 인권 운동의 절정기에 태어난 블랙 팬서당을 연상시키는 영웅 블랙 팬서는, 아프리카의 아픈 역사를 쇄신할 아프로퓨처리즘의 대변자로서 우리 시대의 새로운 신화로 자리했다.

캡틴 마블 ★

데뷔작: 〈Captain Marvel #1〉(1968)

『어벤져스: 엔드게임』 직전에 개봉한 영화 『캡틴 마블』에서 주인공 캐럴 댄버스는 과거 공군 조종사였으나, 기억을 잃은 채 크리족 소속으로 외계에서 활동하는 여전사로 그려졌다. 무엇보다 영화 『어벤져스: 앤드게임』에서 캡틴 마블의 활약이 지대해야 했기에 영화에서는 캐럴 댄버스가 어떻게 이 거대한 전투를 승리로 이끌 위력을 갖게 되었으며 그녀의 진정한 정체가 무엇이었는지에 집중한 경향이 있다. 그러나 만화 원작에서의 캡틴 마블의 역할은 분명 그보다 훨씬 복잡한 과정을 거치며 형성되었고, 그녀를 일컫는 명칭 역시 변화를 거쳤다. 이 과정이 영화 속에서 전부 배제된 것은 아니지만, 몇 가지 변화된 부분이 있다.

먼저 지금의 캡틴 마블의 탄생 이전에 캡틴 마-벨이라는 히어로가 있었다. 그는 외계 종족인 크리족의 장교로, 지구에 파견된 크리족의 스파이 역할을 맡고 있었다. 캡틴 마-벨은 당시 로봇학 전문가 월터 로슨 박사로 신분을 위장한 채 활동하고 있었으며, 캐럴 댄버스는 이때 미사일 기지의 보안 책임자 자격으로 마-벨과 처음 만났다. 월터 로슨 박사로 위장한 마-벨에 대해 의구심을 품고 있던 캐럴 댄버스가 어느 날 마-벨의 적수인 욘 로그에 의해 납치되면서 그녀의 삶은 송두리째 뒤바뀌어 버렸다. '사이키 매그니트론'은 예로부터 크리인들이 사용을 금지한 물질인데, 욘 로그와 마-벨이 싸울 때 그의 곁에 있던 캐럴 댄버스는 그만 이 물질에 노출되고 만다. 폭발의 순간 마-벨의 크리족 유전자 구조가 곁에 있던 캐럴의 인간 유전자와 결합해 이때부터 캐럴 댄버스는 엄청난 힘을 갖게 된다. 그녀는 비행 능

143

력뿐만 아니라 에너지를 흡수했다가 다시 방출하는 능력, 지치지 않는 체력, 미래를 예견하는 능력까지도 겸비하고 있다. 이때부터 캐럴 댄버스는 코스믹 파워를 갖춘 '바이너리', '워버드' 등의 이름으로 불리다가 결국 '미즈 마블'이라는 이름의 히어로로 이중생활을 시작한다. 어벤져스의 일원이 되면서 캐럴 댄버스의 역할은 점차 커지는데, 그녀가 '캡틴 마블'이라는 이름으로 불리게 된 것 또한 이때부터이다. 캡틴 마-벨에 대한 경외감으로 그녀는 오랫동안 이 히어로명을 사용하기를 거부했지만, 결국 이를 받아들였다.

영화 『캡틴 마블』에서는 그의 정신적 스승이자 크리족의 유전자를 물려 준 인물인 캡틴 마-벨의 역할이 배우 애넷 베닝Annette Bening이 맡았던 상사 역할로 대체되었고, 그의 적수이던 욘로그가 크리인의 유전자를 지닌 캐럴 댄버스의 잠재력을 억제하는 배신자로 묘사되었다.

한편, 한때 캐럴 댄버스가 사용했던 히어로명인 '미즈 마블'이라는 캐릭터는 최근 마블 코믹스에서 또 다른 버전으로 출간되었다. 미즈 마블이라는 동명으로 활약하는 뉴저지 출신의 이 신세대 히어로는, 변신 능력을 갖춘 16세의 파키스탄계 미국인 무슬림 소녀 카말라 칸[44]이다.

신화적 기원

전장에서 오랜 경험을 갖춘 캐럴 댄버스, 캡틴 마블은 뛰어난 전략을 가진 여성 히어로이자 어벤져스 내에서 아이언맨과 캡틴 아메리카와 대등한 위력을 지닌 강력한 캐릭터이다. 캡틴 마블은 그리스·로마 신화에 등장하는 지혜의 여신 아테나를 연상시킨다. 아테나야말로 남성 신에 못지않은 전술가이자 전쟁의 여신이며, 또한 전쟁을 승리로 이끄는 전승의 여신이기도 하다.

제우스는 훗날 지혜의 여신 메티스가 낳은 자식이 자신과 대적하게 되리라는 예언을 두려워한 나머지 아이를 가진 메티스

---

44 무슬림 가정에서 태어난 카말라 칸은 캡틴 마블인 캐럴 댄버스의 열렬한 추종자이다. 만화 원작 속에서 그녀가 히어로로서의 능력을 갖추게 된 것은 한때 미즈 마블이었던 캐럴 댄버스가 미즈 마블의 코스튬과 그 명칭을 사용하지 않은지 7년이 지난 시점이다. 어느 날 몰래 파티에 참석했던 그녀는 테리젠 미스트(인휴먼 유전자를 가진 이가 초능력을 각성하게 만드는 안개)에 노출되고, 그녀에게 아랍어로 무언가를 계시하는 캡틴 마블의 모습을 환각처럼 경험한 후부터 히어로의 능력을 갖게 된다. 카말라 칸은 위기가 닥치면 양 손과 몸이 자유자재로 커졌다 작아지며, 몸의 크기도 변화시킬 수 있다. 흥미로운 점은 히어로로 변신했을 때 그녀의 외모가 본래의 모습과 달리 캐럴 댄버스와 같은 금발의 미녀로 변신한다는 점이다. 자신이 그토록 동경하던 마즈 마블의 모습으로 변신한 모습은 분명 카말라 칸의 심리적 욕망을 반영해 주는 듯하다. 그녀의 이름인 '카말라'는 아랍어로 '완벽함'을 의미한다. 그녀의 아버지는 그녀에게 "네 그대로 완벽하다"라고 말하며 "다른 그 누구도 될 필요가 없다"고 가르친다. 어느 날 갑자기 히어로가 된 그녀가 본연의 자아를 찾아가는 과정은 다른 마블 히어로들의 각성 과정과 큰 차이가 없지만, 간간히 등장하는 이슬람 선현들의 문구들과 만화 전반에 흐르는 이슬람 특유의 문화적 색채는 이 히어로를 더욱 새롭게 만든다. 최초의 여성 무슬림 히어로를 등장시켰다는 점에 있어서도 신세대《미즈 마블》시리즈는 분명 주목할 만한 가치가 있다. Cf. G. 윌로우 윌슨, 애드리언 알포나 외,《미즈 마블 Vol.1: 비정상》, 이규원 옮김, 시공사, 2015.

를 통째로 삼켜버렸다. 얼마 후 머리가 아파 고통스러워하는 제우스 곁에 있던 헤르메스는 지혜의 여신이 태어날 때가 되었음을 직감하고 헤파이스토스를 불러 제우스의 두개골을 연다. 아테나는 창과 방패, 투구를 쓴 모습으로 올림포스를 울리는 함성을 지르며 아버지인 제우스의 머리를 뚫고 태어났다. 이는 몹시도 기괴한 탄생이지만 신화적 의미로는 그녀가 남성 못지않은 지력을 가지고 태어났음을 상징하는 것이다. 또한 아테나는 영원한 처녀 신이기도 하다. 막강한 무기와 위력을 갖춘 이 여신의 모습은 영화 『어벤져스: 엔드게임』에서 타노스와의 전투를 큰 승리로 이끌었던 일등 공신 캡틴 마블과 흡사하다. 신화 속에서 신들끼리의 싸움과 암투를 중재하는 것 역시 아테나이다. 그녀가 아이언맨의 권유로 마이티 어벤져스의 리더가 되는 것 또한 이러한 역할과 비견될만 하다.

캡틴 마블이라는 캐릭터의 변화무쌍함은 여기에 그치지 않는다. 사실 이 캐릭터는 보다 현대적인 신화적 기원 또한 지니고 있다. 캡틴 마블은 본디 DC 코믹스에서 1940년에 발행된 만화 캐릭터로, 우리가 현재 알고 있는 마블 히어로 캐럴 댄버스와는 전혀 다른 인물이었다. 이 히어로는 오히려 최근 DC에서 영화화한 히어로인 『샤잠!Shazam!』과 더 연관이 깊다. 십 대 신문팔이 소년이었던 빌리 뱃슨은 "샤잠!(Shazam!)"이라는 마법의 언어를 외치면 '캡틴 마블'이라는 파워풀한 성인 히어로로 변신한다. 사춘기 소년에서 성인 히어로로 변신하는 이 기이한 캐릭터는 청소년 독자들의 마음속에 자리한 성인의 삶에 대한 판타지를 불러일으켰다. 캡틴 마블의 스토리는 1940년대에 슈퍼맨보다도 더욱 반응이 좋았고, 이후 "샤잠!"은 슈퍼 히어로 만화사에서 가장 유명한 주문 중 하나가 되었다.[45] 대부분 스파이더맨을 최초의 십 대 히어로로 간주하는 경향이 있으나, 그가 등장한 것은 1962년이었다. DC 코믹스는 이보다 22년이나 앞서 이미 청소년 히어로를 선보였던 것이다.

블랙 위도우 ★

데뷔작: ⟨Mystic Comics, No.4⟩(1940)

아마 여러분은 블랙 위도우가 처음 등장한 해가 1940년이라는 데에 놀라움을 금치 못할 것이다. 최초의 여성 히어로로 각광받는 DC의 원더우먼이 1941년에 등장한 것으로 미루어 볼

---

45 Randy Duncun, Matthew J. Smith, *The Power of Comics: History, Form & Culture*, Continuum, 2009, p.241.

때, 그보다 한 해 앞선 이 시기에 블랙 위도우가 등장했다는 점은 분명 의외의 사실이다. 이 캐릭터는 마블 코믹스가 있기 이전 타임리 코믹스 시절에 단역처럼 등장했고, 캐릭터의 비중을 따지기에 앞서 적어도 시기상으로는 최초로 등장한 여성 히어로라 해도 과언이 아닐 것이다. 비록 본격적으로 마블의 여성 히어로가 독립된 캐릭터로 등장한 것은 1960년대에 〈판타스틱 포〉의 인비저블 우먼이라는 캐릭터에 이르러서였지만.

1940년 〈미스틱 코믹스〉에 처음 등장한 블랙 위도우는 자신의 마스터인 사탄에게 영혼을 전해주고자 악인들을 죽이는 안티 히어로로 등장했다. 아쉽게도 처음 등장했던 블랙 위도우는 현재 우리가 알고 있는 마블의 캐릭터인 나타샤와 히어로명이 같을 뿐, 동일 인물은 아니다. 어벤져스의 일원인 지금의 블랙 위도우는 1964년, 〈테일즈 오브 서스펜스Tales of Suspense #52〉를 통해 정식으로 데뷔했다.

『어벤져스』에 등장하는 블랙 위도우의 본명은 나타샤 로마노바(로마노프)이다. 그녀는 제2차 세계대전 중 스탈린그라드에서 부모를 잃고 이반 페트로비치라는 러시아 병사에 의해 양육되었다. 나타샤는 소비에트의 일급 기밀 프로그램하에 스파이로 활동하기 위한 훈련을 받았으며, 이 과정에서 캡틴 아메리카를 비밀 병기로 키우기 위해 사용했던 슈퍼 솔저 혈청의 또 다른 버전을 주입해 신체 능력을 최대로 강화시켰다. 고도의 훈련을 통해 실력을 갖추게 된 나타샤는 토니 스타크의 미국 산업체를 염탐하기 위해 파견된다.

블랙 위도우라는 히어로명을 갖게 된 후, 나타샤는 미국에서 당시 범죄자 신분이었던 호크아이와 처음 만났고, 이 만남을 계기로 둘은 공조하며 스타크 인더스트리에 맞선다. 한때 호크아이와 연인관계였던 블랙 위도우는 미국으로 전향하는 편을 택했지만, 러시아 요원들의 세뇌로 인해 자신의 의지에 반하여 어벤져스를 공격한 이력이 있다. 그러나 결국 어벤져스에 합류했고, 슈퍼 혈청을 공유한 탓인지 캡틴 아메리카와 우호적인 동료애를 유지해 왔다.

사실 나타샤와 캡틴인 스티브 로저스의 인연이 시작된 것은 제2차 세계대전 중이었다. 나타샤가 부모를 잃고 이반 페트로비치에게 양육되던 시절, 한 동남아 국가를 방문하게 되었을 때 그녀는 그곳에서 나치의 빌런이던 폴 스트럭커 남작에게 납치당한다. 나타샤는 암살자들의 범죄 조직에 넘겨졌지만, 이반 페트로비치가 마침 그 도시를 방문 중이던 캡틴 아메리카와 울버린의 도움을 받아 그녀를 구출한 적이 있다.

149

블랙 위도우는 영화『캡틴 아메리카: 시빌 워』초반 아이언맨의 초인등록법안에 찬성했었지만, 이후 캡틴 아메리카가 지휘하는 반대파로 전향한다. 만화 원작에서 그는 호크아이, 데어데블, 버키 반즈 등과 연인이었으나, 영화에서는 헐크인 브루스 배너와 사랑하는 사이이다.

신화적 기원

마블의 블랙 위도우는 그리스 신화 속 아르테미스 여신에 여전사 아마존을 더한 듯한 인물이다. 아르테미스는 영원한 처녀신이자 숲을 지키는 사냥의 여신이다. 사슴 사냥을 나왔다가 이 여신이 숲에서 목욕하는 장면을 우연히 보게 되었던 악타이온은 수치심에 분노한 아르테미스의 저주로 인해 수사슴으로 변해 자신이 데려온 사냥개들에게 물려 죽는다. 그처럼 아르테미스는 여인들의 자존심과 수치심이 불러일으킬 수 있는 위력을 몸소 보여주는 여신이다.

아르테미스의 후예라 할 수 있는 아마존—'가슴이 없다'는 의미인 A-Mazones에서 유래한 명칭이다—은 여성들만의 왕국을 건설했다. 이 왕국의 여인들은 활을 쉽게 쏘기 위해 스스로 한쪽 유방을 자르고 남성 못지않은 전사로 살아간다. 이들은 평상시에는 남성들을 적대시하지만, 해마다 인근의 남성들을 납치해 관계를 가진 후 아들이 태어나면 죽이고 딸만 남기는 방식으로 자신의 종족을 유지해 왔다.

블랙 위도우인 나타샤 역시 레드룸에서 소련 첩보원으로 훈련받던 중, 아마존의 여전사들이 여성성의 상징인 유방을 도려냈듯이 강제로 불임 수술을 받아야 했고, 강력한 인간 병기로 키워졌다. 물론 아마존의 보다 직접적인 후예는 DC 코믹스의 원더우먼일 것이다. 만화에서 원더우먼의 어머니는 아마존의 여왕 히폴리테이며, 아버지는 제우스이다. 앞서 언급했듯 원더우먼은 1941년 처음 등장했고, 반면 이에 맞설만한 마블의 주연급 여성 히어로가 등장하기까지 독자들은 그로부터 이십여 년을 더 기다려야 했다.

151

호크아이 ★

데뷔작: ⟨Tales of Supense #57⟩(1964)

호크아이의 본명은 클린트 바튼이다. 그는 미국 아이오와주에서 태어나 어린 시절 교통사고로 부모를 잃고 형 바니와 고아원에서 자랐다. 후일 빌런이 되는 소드맨에게 곡예를 배우며 특유의 활쏘기 능력을 발휘하게 되었고, 소드맨의 조수로 일한다. 그는 한때 서커스단에서 '호크아이'라는 이름으로 최강 궁수로서의 실력을 뽐내기도 했다. 흥미로운 점은 그가 어떤 초능력도 갖지 않은 히어로라는 데에 있다. 하지만 그의 폭넓은 무술 실력과 민첩함, 무엇보다 어떤 상황에서도 백발백중 표적을 꿰뚫는 활쏘기 능력은 타의 추종을 불허한다.

호크아이는 블랙 위도우와 교제하던 중 히어로 활동을 시작했고, 범죄자로서의 오명을 쓰기도 했지만 캡틴 아메리카가 그를 어벤져스의 일원으로 추천하면서부터 서서히 자신의 능력을 증명해 나간다. 스칼렛 위치, 퀵실버와 함께 팀의 일원이 된 호크아이는 머지않아 어벤져스에 없어서는 안 될 주요 인물로 부상한다.

이후 호크아이는 어벤져스 산하의 '웨스트 코트 어벤저스'라는 새로운 팀을 창설했고, 그 팀의 리더로서 활동한 바 있다. 지극히 인간적인 면모를 지닌 히어로 호크아이는 최상의 기술력으로 무장한 현대판 로빈 후드이다.

신화적 기원

'세상에서 가장 활 잘 쏘는 궁수'의 이미지는 고대 신화 속에서 여러 모습으로 나타나지만, 아마도 그 기원이 되는 신화 속 캐릭터는 태양의 신이자 이성의 신, 음악의 신이자 의술의 신인 아폴론 정도가 될 것이다. 아폴론은 태어난 지 겨우 나흘밖에 되지 않았을 때 헤파이스토스가 준 활을 매고 파르나소스산으로 가서는, 헤라의 명령으로 자신의 어머니 레토를 괴롭힌 구렁이 퓌톤을 활로 쏘아 죽여버렸다.

그러나 우리에게 더욱 친숙한 '명궁'의 신화는 보다 이후에 온 것들이다. 절대 군주에 맞서 아들의 머리 위에 놓인 사과를 맞추라는 명령을 실행해 이름을 남긴 윌리엄 텔이나, 가진 자들의 횡포에 맞서 가난한 자들을 위해 숲의 의적이 된 로빈 후드의 이야기 등이 그것이다. 로빈 후드 역시 영웅 신화의 원형 중 하나로 꼽힌다. 가장 잘 알려진 명궁 로빈 후드의 신화는 최근까지도 여러 차례 다양한 콘텐츠를 통해 이어져 오고 있다. DC 코믹스에도 마치 로빈 후드처럼 녹색 후드를 착용하는 '그린 애로우'라는 매력적인 영웅이 등장하지만, 마블 히어로들 중 이와 비견될 만한 영웅은 단연 호크아이일 것이다.

《로빈 후드의 모험The Merry Adventures of Robin Hood》의 배경은 헨리 2세가 통치하던 잉글랜드의 노팅엄 근처 셔우드 숲이다. 그는 잿빛 거위털을 단 화살을 잘 쏘기로 유명한 명궁으로, 부하들과 이 숲에서 산다. 로빈 후드가 되기 전 이 영웅은 18세의 나이에 노팅엄주 장관이 주최하는 활쏘기 대회에 참가하고자 떠났다. 그가 십여 명의 삼림 감독관 앞을 지날 때 그중 하나가 로빈 후드를 조롱하며 어디로 가는지 물었다. 로빈 후드는 활쏘기 대회에 나간다고 답했으나 그들은 이 어린 청년의 말을 믿지 않고 시범을 보이라 한다. 그리고 그가 숲의 사슴 한 마리를 쏘아 맞히면 20마르크를 주겠다는 조건도 건다. 물론 로빈 후드는 단번에 사슴을 쏘아 맞혔지만, 삼림 감독관은 그가 왕의 소유인 사슴을 죽였으니 벌로 그의 두 귀를 자르겠다고 위협한다. 바로 그때, 억울한 마음으로 돌아서던 로빈을 향해 누군가 활을 쏘았고, 이에 분노한 로빈 후드는 활을 쏜 이에게 보복하고자 그에게 화살을 날려 명중시켰다. 본의 아니게 살인범이 된 채 도주해야만 했던 로빈은 그때부터 수배자가 되어 숲으로 숨어든다.

　　로빈 후드가 죽인 삼림 감독원이 하필 노팅엄주 장관의 친척이었던 관계로 로빈의 목에는 어마어마한 현상금이 걸린다. 로빈은 셔우드 숲에 숨어 주변에 모인 비슷한 처지의 사람들과 공동체 생활을 한다. 귀족들이나 사제, 대지주 등은 로빈의 숲을 지나길 두려워하지만, 가난한 이들은 남녀노소를 막론하고 로빈 후드를 신뢰하며 사랑했다. 그들은 곤경에 처한 이들을 도와주었을 뿐만 아니라. 가진 자들로부터 가난한 자들의 빼앗긴 것들을 찾아주는 '유쾌한 일당들'이었기 때문이다. 로빈 후드의 사이드 킥으로는 빨강머리 윌 스튜틀리와, 이름과는 정반대로 힘이 센 거구 리틀 존이 있다.

로빈 후드 신화는 이처럼 부당한 사회 체제에 항거하고, 정의를 갈망하는 영웅들 및 그가 이끄는 공동체가 등장한다는 점에서 현대적 슈퍼 히어로물의 전형적인 특성을 갖추었다고 할 수 있다. 특히 명궁 호크아이가 범죄자의 신분으로 영웅 공동체인 어벤져스에 영입된다는 설정 역시 로빈 후드의 이력과 중첩되는 부분이 있다.

스칼렛 위치와 퀵실버 ★

데뷔작: 〈X-Men #4〉(1964)

스칼렛 위치인 완다 막시모프와 퀵실버인 피에트로 막시모프는 〈엑스맨X-men〉 시리즈에서 자비에 박사와 대립하는 매그니토의 자식들로 알려져 있지만, 이 사실이 정확히 규명된 것은 아니다. 자력을 끌어들이는 힘을 지닌 뮤턴트였던 매그니토는 완다와 피에트로의 능력을 목격한 뒤 군중들로부터 이들을 구했고, 자신이 이끄는 슈퍼 빌런팀인 '브라더 후드 오브 이블 뮤턴츠'의 일원으로 키웠다. 그러나 완다와 피에트로는 후일 어벤져스에 합류한다.

이 쌍둥이는 매그니토가 지금의 능력을 발휘하기 이전에 태어났지만, 생모는 곧 그들을 버렸다. 이후 동유럽에 살던 쟝고와

155

마리아 막시모프 부부가 쌍둥이를 거두어 친자식처럼 키웠다. 완다가 가족을 지키고자 집착하는 것은 이러한 성장 과정과 연관이 있다. 완다는 사건 확률에 영향을 미치는 헥스 파워의 소유자이자, 카오스 마력을 조종할 수 있는 강력한 마법사이다. 다만 그녀의 불안정한 정신 상태가 자신의 힘을 통제하지 못하게 만들고, 나아가 세계 전체를 위험과 혼돈에 빠지게 한다. 완다는 피에트로와 함께 어벤져스의 일원으로 활동하게 되면서 울트론이 만든 안드로이드 비전과 사랑에 빠져 결혼한 후, 쌍둥이를 낳는다. 그러나 이 아이들은 완다의 무의식 속에 자리한 악마 메피스토의 영혼 조각이 만들어낸 환상과 같은 것이었다. 메피스토가 그 영혼의 파편을 되찾아가자 완다의 두 아이는 사라져 버린다. 가족을 사랑하던 완다는 아이들을 잃은 상실감으로 인해 자신의 힘에 대한 통제력을 잃어버렸다.

만화 원작에 등장하는 이 쌍둥이 영웅들의 이야기는 우리가 영화에서 접한 내용과는 상당한 차이가 있다. 만화 원작에서 완다는 슬픔 때문에 거의 미쳐버렸고, 이로 인해 어벤져스의 멤버들은 교란되어 무방비 상태에 처한다. 결국 어벤져스는 해체 위기를 맞는다. 스칼렛 위치의 능력은 이처럼 모호하고 파괴적인 면을 지니고 있지만, 그녀는 항상 어벤져스의 충실한 일원이고자 했다.

완다의 쌍둥이 오빠인 퀵실버, 피에트로 막시모프 역시 완다와 함께 불우한 유년기를 보냈으며, 줄곧 정서가 불안한 완다를 보호해 왔다. 퀵실버는 단 몇 초 만에 지구를 한 바퀴 돌 수 있을 만큼 빠른 사나이이며, 어떤 일이든 놀라운 속도로 처리할 수 있는 능력을 지녔다. 특히 영화 『엑스맨: 데이즈 오브 퓨처 패스트』에서는 퀵실버의 이 같은 능력이 시각적으로 아름답게 표현되었다. 그는 자신의 엄청난 속도 탓에 시간을 느리게 인지한다. 아버지라 믿고 있던 매그니토가 이끌던 빌런 팀에서 나온 퀵실버는 완다와 어벤져스에 합류하였다.

신화적 기원

마법사인 스칼렛 위치의 모델이 될 만한 캐릭터를 고대의 신화에서 찾는다면 가장 유명한 여자 마법사로 알려진 그리스 신화 속 메데이아와 켈트 신화 속에 등장하는 모건 르 페이를 꼽을 수 있다. 그러나 모건 르 페이는 이미 독립된 마블의 히어로로 자리한 만큼, 스칼렛 위치의 신화적 기원은 메데이아를 기점으로 살펴보는 편이 보다 자연스러울 듯하다. 왜냐하면 통제를 벗어난 스칼렛 위치의 모습은 분명 그리스 신화 속 마녀 메데이아의 광기를 연상시키는 면이 있기 때문이다. 게다가 메데이아는 황금양털 신화의 중심에 있었던 영웅 이아손의 아내이기도

했다. 이 대목은 각기 다른 위력을 지닌 영웅들의 연합체 아르고호의 수장 이아손에게 아내 메데이아가 끼친 영향력과도 연관이 있다. 앞서 우리가 아르고호를 어벤져스에 비유했던 것과 마찬가지로 스칼렛 위치 역시 어벤져스의 수장 격인 아이언맨과 다른 멤버들에게 지대한 영향을 끼친 여자 마법사이다.

콜키스에 도착한 이아손은 콜키스의 왕에게 황금양털을 돌려달라고 요구했지만 거절당한다. 그러나 이아손을 보자마자 사랑에 빠진 왕의 딸 메데이아는 그가 자신과 결혼한다면 황금양털을 손에 넣게 해주겠다고 약속한다. 메데이아는 마법의 힘으로 이아손이 왕의 시험을 무사히 통과하게 해 주었을 뿐만 아니라, 이아손에게 황금 양털을 내주지 않으려 하는 자신의 아버지를 배신하고 황금 양털을 훔쳐 이아손과 도주한다. 이때 메데이아는 자신의 남동생을 데리고 배에 올랐다.

콜키스의 왕은 뒤늦게 이 사실을 알고 아르고호를 뒤쫓기 시작한다. 아버지의 배가 아르고호에 가까이 근접하자 메데이아는 잔인하게도 제 남동생의 사지를 잘라 바다에 버렸다. 뒤쫓던 아버지가 아들의 시신을 수습하느라 시간을 들이는 틈을 타 아르고호는 멀리 도망친다.

황금양털을 가지고 귀환했음에도 불구하고 펠리아스가 왕위를 돌려주지 않자, 이에 메데이아는 다시금 마법을 사용한다. 메데이아는 펠리아스의 딸들과 친분을 맺고 이들에게 마법의 힘을 보여주겠다고 한다. 그녀가 늙은 염소 한 마리의 사지를 잘라 끓는 물에 넣자 늙은 염소가 어린 염소로 변해 물속에서 뛰쳐나왔다. 메데이아는 펠리아스의 딸들에게 아버지를 염소처럼 회춘시켜 주겠노라 약속한 후, 같은 방법으로 펠리아스의 사지를 끓는 물에 넣었으나 불행히도 그의 육신은 되돌아오지 못했다.

메데이아가 이처럼 끔찍한 방법으로 이아손의 왕위를 되찾아 주었음에도 불구하고 왕이 된 이아손은 다른 여인과 사랑에 빠졌다. 이를 알고 이성을 잃은 메데이아는 이아손이 사랑하던 여인과 자신의 두 아들을 죽인 뒤 떠나 버린다.

사랑을 위해 가족마저 배신했던 메데이아가 정작 굳게 믿었던 사랑으로부터 배신당한 채 폭주하는 모습은, 특히 스칼렛 위치가 자신의 쌍둥이 자녀를 잃고 통제력을 상실한 채 여러 사람을 위험에 빠뜨리는 모습과 닮았다. 광기 어린 마법사 메데이아의 이미지가 스칼렛 위치의 이러한 행각과 중첩된다.

퀵실버의 모습은 발에 날개 달린 신발을 신고 엄청난 속도로 지상과 천상을 오가는 전령의 신 헤르메스를 떠올리게 한다. 헤르메스처럼 지상의 시간과 속도를 거스르는 영웅 퀵 실버는 DC 코믹스의 히어로인 플래쉬에 비견될 만하다.

닥터 스트레인지 ★

데뷔작: 〈Strange Tales #110〉(1963)

스티븐 빈센트 스트레인지는 훌륭한 외과 의사로 명성을 떨치고 있었다. 그러나 이 같은 명성은 그에게 오만한 성격과, 부유한 환자들을 우선으로 생각하는 속물적 가치관을 고착시켰다. 운전 중 부주의로 교통사고를 당한 이후, 그의 운명은 완전히 바뀌었다. 이 사고로 닥터 스트레인지는 손에 극심한 신경 손상을 입었고 더 이상 외과 수술을 할 수 없는 상태로 전락한다. 화려했던 과거의 경력은 하루아침에 물거품이 되었고, 그는 알코올에 의존한 채 전 재산을 치료에 쏟아부었으나 현대의 의학 기술로는 도저히 완치될 수 없음을 깨닫는다.

절박해진 그는 수소문 끝에 티벳에 있는 에인션트 원만이 자신의 손을 고쳐줄 수 있다는 이야기를 듣게 되고, 그를 찾아 떠난다. 그는 에인션트 원의 사원에 도착해 도움을 청했으나 이를 거부당하자 분노한다. 그러나 머지않아 에인션트 원의 초자연

마블로지

적 능력과 내공에 충격을 받고, 절대 믿지 않던 마법의 세계에
발을 들인다.

만화 원작에서 에인션트 원은 나이 지긋한 노인으로 등장하
지만, 영화에서는 배우 틸다 스윈튼^{Tilda Swinton}으로 대체되었다.
닥터 스트레인지는 곧 에인션트 원이 '소서러 슈프림'이라 불리
는 지구 최강의 마법사라는 사실과 에인션트 원의 제자였던 모
르도 남작이 스승의 자리를 차지하려 한다는 사실을 알게 된다.
영화 『닥터 스트레인지』에서는 에인션트 원의 또 다른 제자 케
살리우스와 도르마무의 연합에 스토리가 집중되지만, 만화에서
는 모르도 남작이 보다 비중 있는 악한으로 등장한다.

스트레인지가 에인션트 원에게 모르도가 꾸민 음모를 발설하
려하자, 모르도는 스트레인지의 몸에 마법을 걸어 그가 말할 수
없게 만들었고, 스트레인지는 이 사건을 계기로 마법의 존재와
마법을 악용하는 무리들의 힘을 체감하게 된다. 에인션트 원 또
한 이 사건으로 말미암아 모르도의 배신을 알린 스트레인지를
신뢰하게 되었고, 결국 그를 수제자로 받아들이기로 한다.

닥터 스트레인지는 에인션트 원에게 육체와 정신을 통제하는
능력을 배우면서 내면의 힘을 통해 세계를 둘러싸고 있는 외적

인 힘을 활용하는 마법의 비술을 터득해 나간다. 에인션트 원의 죽음 이후 그는 아가모토의 눈이 선택한 차기 소서러 슈프림이 된다. 스트레인지는 뉴욕시 그리니치 빌리지에 있는 생텀 생토 룸으로 거처를 옮겨 생활하면서 지구를 위협하는 악한 마법의 존재들로부터 세계를 지키는 역할을 한다.

그는 불타는 악귀인 악마 도르마무를 비롯해 최강 빌런 타노 스를 물리치는 데에도 지대한 역할을 했다. 훗날 닥터 스트레인 지는 마법과 초자연적 위력에 대항할 필요를 느끼고 '디펜더스' 라는 히어로팀을 만들었을 뿐만 아니라, 크리족과 스크럴족 간 에 벌어진 전쟁의 여파로 토니 스타크가 구성한 비밀 결사 단체 인 '일루미나티'의 일원으로도 활약한다. 그는 대부분 홀로 일했 으며, 필요에 따라 어벤져스의 조언자 역할을 했다. 닥터 스트레 인지는 상대적으로 뒤늦게 어벤져스에 합류하게 되었다.

가장 초현대적인 의술을 갖춘 의학 박사가 주술과 마법의 세 계에 발을 들이게 된다는 설정은 상당히 상징적이다. 닥터 스트 레인지의 오만함은 어쩌면 현대 의학과 과학 기술의 오만함에 비유될 수 있다. 현대 기술로는 회복 불가능했던 그의 두 손은 에인션트 원과의 만남과 그의 가르침으로 인해 치유된다. 그는 세속에 익숙해진 자신의 협소한 세계관으로부터 빠져나와 다른 차원의 힘과 접촉하면서 소서러 슈프림에 도달하기 위한 다양한 통과 의례를 거쳤다. 그 과정에서 그의 순수한 마음은 마법의 순기능을 강화시켰고, 도르마무와의 대결에서 이 힘이 발휘되었다. 후일 그는 어벤져스에 합류해 점차 비중 있는 임무를 수행하게 된다.

신화적 기원

닥터 스트레인지라는 캐릭터는 스탠 리가 어린 시절 자주 듣던 라디오 시리즈 『마법사 샨두Chandu, the magician』로부터 영감을 얻은 것이었다. 이 프로그램은 당시 상당한 인기를 얻어, 이 여파로 영화 시리즈까지 만들어질 정도였다. 마법사 캐릭터에 대한 그의 구상은 이미 이때부터 시작되고 있었던 것이다. 스탠 리는 닥터 스트레인지가 고상한 말투를 쓰는 마법사이길 바랐고, 마법사만이 쓸 수 있는 새로운 단어를 만드는 걸 즐겼다. 스탠 리는 온갖 언어로 된 주문을 만들면서도 자신이 특히 좋아하던 두운 맞춤법을 활용했다. 닥터 스트레인지의 대표적인 마법 주문 "바이더 호리 호스츠 오브 호고스by the hoary hosts of Hoggoth"가 그 예이다.[46] 스탠 리가 스토리를 담당하고 스티브 딧코가 작화

46   밥 배철러, *op. cit.*, p.216.

로 그려낸 이 매력적인 캐릭터는 해리포터 시대가 도래하기 전인 1960년대부터 이미 사랑받는 마법사 히어로로 등극했다.

우리가 알고 있는 가장 오래되고 친숙한 마법사는 아마도 아서왕의 멘토이자 조력자였던 멀린일 것이다. 멀린은 순수했던 인간인 어머니와 '인큐버스'라 불리는 몽마 아버지 사이에서 태어났다. 한순간의 방심으로 악마의 아이를 임신한 멀린의 어머니는 남은 생을 신에게 헌신하기로 결심하고, 비록 악마의 자식이지만 자신의 아들로 태어난 멀린에게 세례를 준다. 어려서부터 예지력과 초월적 능력을 지닌 멀린은 후일 아서왕이 왕권을 상징하는 신성한 검 '엑스칼리버'의 주인이 되어 성배의 모험을 완수할 뿐만 아니라, 모두의 염원이던 원탁의 정신을 계승하는 자가 될 것을 예견하고 그를 보필하는 존재가 된다. 엄밀히 말해 멀린은 아서왕의 탄생까지 기획하고 실행시킨 치밀한 마법사이다.

악마에 버금가는 위력을 지녔으나 이 힘을 정의로운 세계에 바치고자 하는 이 선한 마법사의 원형적 이미지는 분명 닥터 스트레인지와 관련이 있다. 닥터 스트레인지 역시 젊은 시절 오만함과 세속적인 명예에 이끌리는 삶을 살았으나, 마법의 세계에

발을 들이고부터는 전혀 다른 가치를 발견하고 대의를 위해 일한다. 때때로 지구의 존속을 위해 흑마법의 위력을 빌리기도 하지만, 그는 결코 악의 세계에 온전히 의탁한 적이 없다.

한편 아서왕에게는 아버지가 다른 '모르간'이라는 누이가 한 명 있는데, 그녀는 아서왕을 돕는 멀린에게 가르침을 구하는 여성 마법사이다. 마블 히어로들 중에는 이름과 출신 배경이 같은 여성 히어로 모건 르 페이가 있다.

이쯤에서 닥터 스트레인지를 대표하는 의상인 공중 부양 망토에 주목해 보자. 이 독특한 망토는 마치 자의식이 있는 것처럼 주인을 쫓아다니며 돕는데, 사실 닥터 스트레인지만의 전유물은 아니다. 이 '마법의 날개옷'은 본래 북유럽 신화에 등장하는 대표적인 마법 도구로, 북유럽 신화 속에 등장하는 신과 거인족의 소유물이다. 특히 토르의 아버지 오딘의 날개옷은 몸에 걸치면 독수리로 변신할 수 있으며, 비행 속도가 뛰어났다. 악신 로키 역시 이 망토를 걸치곤 했는데, 로키가 몸에 걸치면 매로 변할 수 있다. 토르 역시 영화에서 망토를 두른 채 등장한다. 하지만 이 망토가 닥터 스트레인지에게서 더욱 그 효력을 발휘하게 된다는 점은 흥미롭다. 영화 『닥터 스트레인지』의 첫 번째 쿠키 영상에서 북유럽의 신인 토르가 마법의 망토를 걸친 닥터 스트레인지와 마주한 채 맥주를 마시는 장면이 유독 흥미롭게 느껴졌던 것은 아마 이 때문일 것이다.

비전 ★

데뷔작: 〈The Avengers #57〉(1968)

이미 마블 코믹스는 1960년 11월, 〈마블 미스터리 코믹스 Marvel Mystery Comics #13〉을 통해 '비전'이라는 이름의 외계인 히어로를 등장시킨 바 있었다. 비전이 어벤져스의 정식 일원으로 등장한 것은 좀 더 시간이 지난 후인 1968년이다. 우리가 알고 있는 현재의 비전은 만화 원작에서 1대 앤트맨 행크 핌 박사가 만든 인공 지능 로봇 울트론이 오리지널 휴먼 토치[47]의 신체를 이용해 만든 인조인간이다. 다시 말해 인간의 창조물이 만들어낸 또 다른 창조물이다. 울트론은 본래 인간을 돕기 위해 만들어진

---

[47] 1939년 칼 버고스가 만든 캐릭터로 〈마블 코믹스〉 1호에 등장했던 최초의 안드로이드 슈퍼 히어로이다. 본명은 짐 해먼드이며, 산소에 노출되면 불꽃으로 산화하는 안드로이드이다. 서브 마리너와 더불어 만화의 '황금시대'에 경력을 쌓았으며, 후일 캡틴 아메리카와 함께 팀을 꾸려 제2차 세계 대전 시기에 활약한다. 휴먼 토치는 단지 인간의 명령을 따르는 로봇과 같은 존재가 아니라 인간의 감정을 그대로 느낄 줄 아는 인조인간이었다. 이 안드로이드는 고귀하게 행동했고 그러한 행동은 인간이 만든 프로그램에 의한 것이 아니라, 전적으로 그가 선택한 것이었다. 울트론은 오리지널 휴먼 토치의 잔해로부터 비전을 창조했다. 스탠 리 지음, 《스탠 리의 슈퍼 히어로 드로잉》, pp.161-162.

로봇이지만, 오히려 자신이 인간보다 우월하다 생각하며 인간을 증오한다. 나아가 이러한 질투와 증오는 지구를 수호하는 어벤져스와 전 인류를 향한다.

영화 『어벤져스: 에이지 오브 울트론』에서 울트론은 토니 스타크와 브루스 배너, 그리고 인공 지능 자비스와의 합작으로 만들어진 로봇이다. 그러나 주회로인 자비스의 의식과 신경망을 잠식하면서 성장한 울트론은 괴력을 지니게 된다. 울트론의 몸은 아다만티움이라는 물질로 이루어져 있다. 에너지 블래스트와 방사능파를 방출할 뿐만 아니라 비행 능력까지 갖추었기 때문에 거의 무적이라 할 수 있다. 자신의 뇌파로 타인을 세뇌할 수 있고, 자신의 의식을 다른 로봇의 시스템에 전송, 이식해 조종할 수 있을 만큼 최첨단 테크놀로지의 총아이다.

울트론은 인류의 진보를 위해서는 인간이라는 종족이 없어져야 한다고 여긴다. 영화 『어벤져스: 에이지 오브 울트론』에서는 울트론이 헬렌 조 박사를 이용해 비전을 창조하는 것으로 그려졌으나, 앞서 언급했듯 본디 그의 몸은 안드로이드 휴먼 토치의 것이었다. 비전은 어벤져스를 능가할 만큼 강력한 힘을 지닌 안드로이드로 탄생했다. 울트론은 비전을 이용해 어벤져스를 곤경에 빠뜨리고자 하지만, 비전은 울트론의 창조주인 인간들의

167

편에 서서 어벤져스의 일원이 된다. 비전은 오리지널 휴먼 토치가 그랬듯이 인간이 느끼는 복잡한 감정을 느낄 수 있으며, 자신의 결정에 있어 자유 의지를 행사한다. 울트론와 마찬가지로 비전 또한 초인적인 속력과 지구력, 무력을 겸비한 히어로이다. 이마에 박힌 인피니티 스톤에서 에너지 블래스트를 방출할 수 있고, 신체의 모든 부분의 질량과 밀도를 자유자재로 조절할 수 있다. 또한 모든 종류의 컴퓨터 시스템과 소통 가능하다.

A.I.로서 어벤져스에 합류하게 되는 유일한 캐릭터이자, 또 다른 A.I.에 의해 창조된 'Meta-A.I.'라는 독자적 이력을 가진 비전은, 때때로 안드로이드로서 자신의 정체성과 어벤져스에 대한 신의 사이에서 갈등을 겪기도 한다.

신화적 기원

영화에서는 토니 스타크가, 만화 원작에서는 행크 핌 박사가 창조한 인공 지능 로봇 울트론과 울트론이 창조한 안드로이드 비전의 구도를 과연 어떤 신화에 빗대야 합당할까? 창조물이 창조한 또 다른 창조물이라는 주제는 신(혹은 우주)과 인간, 그리고 인간과 인간의 손에서 탄생한 창조물과의 관계를 규명해 줄지 모른다는 기대 속에서 오랜 기간 철학적, 신학적 주제로 다루어져 왔다. 따라서 이 신화의 기원에 대해서는 다소 긴 이야기가 필요하다.

앞서 우리는 아이언맨의 신화적 기원에 관해 고찰하며 헤파이스토스와 다이달로스를 언급했다. 울트론과 비전이라는 인공지능 안드로이드가 영화 속 토니 스타크(만화 원작에서는 행크 핌 박사)로부터 만들어졌다는 점에 주목한다면, 이들의 기원을 설명해 줄 이야기 또한 다시금 그리스 시대의 두 공학자로 거슬러 올라감이 옳을 것이다. '안드로이드Android'라는 용어 또한 고대 그리스어에서 유래했으며 이는 '인간을 닮은 로봇'을 의미한다.

헤파이스토스는 최초로 기계와 인간을 합성한 기술자이다. 제우스의 아들이었던 카스토르와 폴뤼데우케스는 헤라클레스 다음가는 장사들이었는데, 특히 권투를 잘하기로 유명했던 폴뤼데우케스는 헤파이스토스에게 청해 오른편 손목 대신 쇠주먹을 단 것으로 유명하다. 따라서 폴뤼데우케스는 오늘날로 말하면 인간과 기계가 합성된 존재인 사이보그, 그리스어로는 '퀴베르네테스'라 불리는 일종의 '강화 인간'이었던 셈이다.[48]

---

48 이윤기,《뮈토스 제3부: 인간의 시대》, 고려원, 1999, p.178.

그러나 안드로이드의 진정한 기원을 이해하기 위해 먼저 언급해야 할 신화가 있다면 바로 신들에 의해 창조된 인간의 기원에 대한 신화이다. 토니 스타크는 울트론을 창조했고, 울트론은 다시금 비전이라는 안드로이드를 창조한다. 피조물이었던 울트론이 또 다른 피조물을 만들어냈다는 이야기의 구도는 고대의 신화에서 신의 창조물이었던 인간이 자신과 똑같은 꼴의 또 다른 피조물을 만들어내는 행위와 비견될 만하다.

그리스 신화에서 흙으로 인간을 빚어 만든 이는 티탄족의 자손인 거인족 프로메테우스—'먼저 생각하는 자'—이다. 그는 흙으로 신과 비슷한 형상을 반죽해 인간을 만든 후, 동물의 영혼에 있는 좋은 성질과 나쁜 성질을 취하게 했다. 프로메테우스의 친구였던 지의 여신 아테나가 이 창조물에게 정신과 생명을 불어넣어 주었고, 이렇게 해서 최초의 인간이 생겨났다.

그러나 막상 프로메테우스의 손에서 태어난 인간은 제대로 할 줄 아는 것이 아무것도 없었다. 프로메테우스는 인간들을 가련하게 여긴 나머지 농사 기술과 항해법, 그리고 제약 기술 및 전술, 금속의 활용법 등을 가르쳐 주었다. 하지만 프로메테우스가 인간에게 준 가장 큰 선물은 역시 불이었다. 프로메테우스는 자신의 창조물인 인간들이 생존을 유지하고 신에게 제물을 바치기 위해서는 불이 필요함을 알고, 이들을 보호하고자 신들에게서 불을 훔친다. 불의 사용으로 말미암아 인간들은 비로소 문명을 구축할 수 있었다. 이것은 인간들에게 그 어떤 무기보다도 강력한 것이었다.

제우스는 복수심에 불타 프로메테우스를 단죄하기로 하고, 헤파이스토스를 시켜 판도라라는 여인을 '만들게' 한 후, 판도라에게 상자 하나를 주며 프로메테우스의 동생인 에피메테우스―'나중에 생각하는 자'―에게 보냈다. 제우스가 보낸 어떤 선물도 받지 말라는 형 프로메테우스의 경고도 아랑곳하지 않고 에피메테우스는 이 미모의 여인에게 반해 버렸고, 둘은 결혼한다. 이후 판도라는 금기의 상자를 열어버렸고, 그로 인해 희망을 제외한 모든 고통과 슬픔이 상자에서 뛰쳐나와 인간들은 고난을 겪는다.

한편 프로메테우스는 제우스로 인해 코카서스산 바위에 사슬로 묶인 채 독수리에게 간을 쪼아 먹히는 형벌을 받게 된다. 낮 동안 간이 쪼아 먹히는 극심한 고통을 겪고 나면, 밤새 다시 간이 자라났고 이 고통은 끊임없이 반복되었다.

더하여 갈수록 인간들의 행태가 난폭해지자 제우스는 인간이라는 종족을 멸망시키고자 대홍수를 일으켰다. 이때 최후의 생존자였던 데우칼리온(프로메테우스의 아들)과 그의 아내 퓌라(에페메테우스와 판도라의 딸)는 자신들의 처지를 한탄하며 테티스 여신에게 새로운 인류의 출현을 간청한다. "네 어머니의 뼈를 등 뒤로 던지라"는 테티스의 명령에 데우칼리온은 대지의 신 가이아의 뼈인 돌을 집어 등 뒤로 던졌고, 그가 던진 돌에서는 남자가, 아내인 퓌라가 던진 돌에서는 여자가 생겨났다. 결국 헤파이스토스가 만든 최초의 여성이었던 판도라가 딸인 퓌라를 낳고, 판도라의 딸 퓌라는 신의 힘을 빌려 새로운 인류를 창조하기에 이른 것이다. 즉 이는 울트론과 비전의 관계와 마찬가지로 피조물이 피조물을 창조한 이야기의 시초라 할 수 있다.

172 　　신이었던 헤파이스토스가 만든 여인 판도라, 그리고 퓌라의 구도를 비교하며 또 다른 인간 공학자 다이달로스의 창조물을 살펴보자.

이는 신의 피조물인 인간이 다른 피조물을 만든 사례에 속한다. 다이달로스는 미노스왕의 눈 밖에 나는 바람에 탑에 갇혀 지내다가 아들과 밀랍 날개를 달고 탈출해 시칠리아로 갔다. 그곳에서 그는 눈동자와 팔다리를 움직일 수 있는 사람 형상의 조각상을 만들었다고 전해진다. 이는 어느 정도 신빙성이 있는 이야기이다. 실제로 고대 그리스 유적지의 유물 중에는 팔다리가 움직이는 젊은 여인의 모습을 한 관절 인형들이 발견되곤 했다.

대부분의 인형들은 데메테르, 페르세포네, 아르테미스 여신을 모시는 신전에서 발견되었다. 인형은 당시 여자아이들이 성인이 되거나 결혼하기 전 신전에 제물로 바쳤던 것이라 추정되며, 그 시기는 B.C 5세기 전반이다.[49]

'인간이 창조한 인간'에 대한 또 다른 신화로는 오비디우스 Publius Ovidius Naso의 《변신 이야기Metamorphoses》에 등장하는 피그말리온 신화를 들 수 있다. 키프로스의 왕이자 조각가로 유명했던 피그말리온은 당시 성적으로 문란했던 키로프스 여인들에게 환멸을 느껴 현실 속 여인들과는 담을 쌓고 오로지 작업에만 몰두했다. 어느 날 그는 상아로 여인상을 조각했는데, 아름답고 순수한 그 모습에 반한 나머지 조각상을 진짜 인간인 양 대하기 시작한다. 장신구나 액세서리를 달아주는가 하면, 조각상의 머리에 베개를 베어주기도 하며 마치 자신의 아내처럼 취급했다. 미와 사랑의 여신 아프로디테의 축제 때 피그말리온은 제물을 바치며 이 조각상을 살아있는 여인으로 변하게 해달라고 기도했고, 아프로디테는 그의 사랑에 감동해 조각상에게 생명력을 불

49 한스 귄터 가센, 자비네 미뇰, 《인간, 아담을 창조하다》, 정수정 옮김, 프로네시스, 2007, p.243.

173

어넣었다. 인간으로 변한 이 조각상은 '갈라테이아'라는 이름을 얻었고, 피그말리온과 결혼하여 아들을 낳았다고 한다. 이 아름다운 신화는 지금까지도 문학과 영화, 뮤지컬 등으로 각색되어 많은 사랑을 받고 있다.

피그말리온 신화에서 보여주는 인간과 피조물 간의 사랑은 마찬가지로 우리의 관심사인 비전과 스칼렛 위치 간의 사랑과 연장선상에 있다. 스칼렛 위치가 비전을 만든 것은 아니지만, 그 둘은 사랑에 빠졌고 아이를 낳게 된다. 인간이 만든 인공 지능과 그것이 만들게 될 또 다른 세계에 대한 관심은 옛 신화에서도 확인할 수 있듯이 인간의 상상력 속에서 우려와 기대를 수반하며 발전되어 온 주제이다. 토니 스타크가 설계한 울트론은 자신의 창조주가 부여한 능력 이상의 것을 보여 주었고, 자신 또한 다른 안드로이드의 창조주로 군림했다. 그러나 울트론이 토니 스타크가 바라던 모습이 아니었듯이, 비전 또한 울트론이 바라던 모습으로 창조되지는 않았다. 과학에 대한 무조건적인 신뢰와 무모한 호기심에 대한 경고는 분명 시대를 막론하고 인류의 진보에 경종을 울리는 테마이다.

가디언즈 오브 더 갤럭시 ★

데뷔작: 〈Marvel Super Heros #18〉(1969)

가디언즈 오브 더 갤럭시의 임무는 전 우주를 무대로 활동하며 은하계를 보호하는 것이다. 원작 만화에는 두 팀의 가디언즈 오브 더 갤럭시가 존재한다. 하나는 먼 미래에서 싸우고 있는 팀이며, 다른 하나는 현재 어벤져스에 합류해 싸우고 있는 팀이다. 1969년 만화를 통해 처음 등장했던 원조 가디언즈 오브 더 갤럭시는 미래 시대인 31세기에 활동하는 슈퍼 히어로들이었다. 닉 퓨리가 처음으로 이들이 지구에 도착했음을 감지했고, 그 때문에 어벤져스는 이들의 조사관으로 그들을 만나 곧 동료가 된다. 영화에서 현재의 어벤져스와 함께 하고 있는 팀은 스타로드인 피터 퀼이 이끄는 가디언즈 오브 더 갤럭시 팀이다.

피터 퀼은 지구인 어머니와 외계인 스파르토이족 아버지 사이에서 혼혈로 태어났다. 어린 시절 역시 외계 종족인 욘두에게 위탁되어 성장했고, 덕분에 은하계 전역을 돌며 모험하던 중 우주의 다른 곳에 있던 용감한 히어로들을 영입해 팀을 꾸렸다. 초인적 괴력의 소유자인 드랙스 더 디스트로이어, 백병전 전문가이자 최강 빌런 타노스의 수양딸인 가모라, 나무 인간 그루트, 유전자 조작 실험의 결과물로 태어난 똑똑한 공학자이자 전략

175

가인 로켓, 텔레파시와 공감 능력이 주특기인 맨티스가 가디언즈를 구성하는 팀원들이다. 팀원들 각자가 상처 입은 과거를 지녔으며, 여타의 히어로들과 비교해 볼 때 다소 불완전해 보이는 캐릭터들이지만, 이들 간에는 하나의 공통점이 있다. 그것은 그들이 하이브리드적인 유전자 배경을 갖고 있다는 점이다.

리더인 피터 퀼은 외계인과 지구인의 유전자를 가지고 태어났으며, 라쿤과 비슷한 로켓 역시 유전자 조작의 희생물로 태어났다. 그루트 역시 나무와 인간의 모습이 혼합된 모습이며, 정확한 혈통은 알 수 없으나 가모라와 멘티스 역시 인간의 유전자와 외계인의 유전자가 조합된 히어로일 가능성이 있다. 이들은 뮤턴트들과 같은 돌연변이와는 전혀 다르다. 설사 그것이 인위적인 조작에 의한 것이라 해도, 그들은 돌연변이처럼 유전자 조합의 과정에서 자체 변이를 일으킨 것이 아니라, 혼합된 DNA 작용의 자연스러운 결과물로 나타난 인간, 혹은 동물들에 속하는 까닭이다.

팀의 성격 역시 이와 일치한다는 점은 흥미롭다. 각기 다른 유전자가 조합되어 제3의 생명체로 나타나듯, 이 팀 각각을 구성하는 구성원들의 상처와 슬픔은 함께 있을 때 치유되고, 또한 이들은 개인적으로 활동할 때에는 형편없지만 함께 일할 때만큼은 몇 배의 위력을 발휘한다. 어쩌면 오합지졸처럼 보이는 이 팀 자체가 하나의 거대한 유기체로서 유용하게 기능한다는 점은 주목해 볼 만하다. 그들의 불완전한 정체성과 상처 가득한 과거는 '가디언즈 오브 더 갤럭시'라는 이름 아래서 소멸된다. 이 팀이 우리에게 보여주는 의미란 바로 그것이며, 이는 동명의 영화가 의외의 흥행 성적으로 전 세계 관객들의 마음을 사로잡았다는 사실로 이미 증명된 바 있다.

신화적 기원

그리스 신화만큼 하이브리드적 유전자의 예가 난무하는 곳이 또 있을까? 올림포스의 신들은 인간 여인들과 사랑에 빠지기를 주저하지 않았고, 제우스의 인간 여성들을 향한 편력과 애정행 각은 굳이 언급할 필요조차 없을 정도이다. 신과 인간 사이에서 태어난 영웅들은 반신반인이라는 불균형한 정체성을 고심하며 자신의 근본을 찾기 위한 여정에 올라 시련을 겪는다.

반은 지구인, 반은 외계인인 피터 퀼 역시 영화『가디언즈 오브 더 갤럭시』에서 자신의 아버지를 찾아 나선다. 로켓처럼 이종 교배로 이루어진 생명체들 또한 신화 속에 자주 등장한다. 어머니가 인간이고 아버지가 황소인 괴물 미노타우로스, 인간의 상반신과 말의 하반신을 지닌 사튀로스, 그리고 서로 다른 동물의 유전자가 결합된 페가수스에 이르기까지. 또한 나무 인간 그루트를 보며 우리는 아폴론의 구애를 피해 달아나다 월계수로 변해버린 다프네의 신화를 떠올린다.

그러나 엄청난 힘과 재생력을 지닌 그루트라는 나무 인간 캐릭터는 이미 톨킨의 《반지의 제왕The Lord Of The Rings》에서 유사한 모습으로 등장한 바 있다. '엔트Ent'라 불리는 이 캐릭터는 나무를 지키는 요정이라고는 하지만, 보통 우리가 알고 있는 요정의 모습이 아닌 나무로 된 거인의 모습에 가깝게 묘사된다. 엔트는 역사가 깊은 종족으로, 고대에는 울창한 숲속 가운데 땅을 거의 장악한 바 있으나 숲이 줄어들면서 점차 세력이 약해졌다. 그들은 대부분 나이가 많은 노인의 모습을 한 채 '팡고른'이라는 숲에 은둔하고 있으며, 말하고 행동하는 것이 상당히 느리다. 이것은 그들이 사용하는 언어인 엔트어 자체가 느린 탓이기도 하다. 영화 『반지의 제왕』에서는 눈, 코, 입이 있는 인간의 형상으로 표현되었다. 이들은 그루트와 형태상 유사할 뿐만 아니라, 느리게 언어를 반복하는 것 역시 닮아있다. '그루트' 캐릭터의 원형이 이로부터 유래했다는 점은 그러므로 의심의 여지가 없다.

그러나 만약 더더욱 오래된 그루트의 신화적 기원을 찾고자 한다면 우리는 셰익스피어의 비극 《맥베스The Tragedy of Macbeth》로 거슬러 올라가야 할 것이다. 주인공 맥베스는 왕권을 차지하기

178

위해 선왕 덩컨을 죽이고, 그의 아들과 전투를 벌여야 하는 상황에 처한다. 마녀는 버넘의 숲이 움직여 이동하지 않는 한 맥베스가 패할 일은 결코 없으리라 예언했다. 이 말을 들은 맥베스는 "누가 숲을 징발하고 나무더러 내린 뿌리를 뽑으라고 할 수 있지? 달콤한 예언이다!"[50]라며 기뻐했다. 하지만 잉글랜드군이 나뭇가지로 위장한 채 공격함으로써 맥베스는 전쟁에서 패하고 죽음을 맞이한다.

톨킨은 학창시절 셰익스피어를 배우는 시간을 줄곧 고통스러워했지만, 《맥베스》의 이 대목에서만큼은 "진짜로 나무들이 전쟁을 치르기 위해 행진하는 장면을 만들어내길 오래도록 염원했다"[51]고 고백한다. 나무 인간이자 숲의 거인인 엔트는 톨킨의 이 같은 상상으로부터 창조될 수 있었고, 《반지의 제왕》에서 엔트들이 오크와 인간을 상대로 벌이는 장대한 전투 장면 역시 박진감 있게 묘사될 수 있었다. 따라서 그루트의 진정한 기원은 《맥베스》로부터 시작되었다 해도 과언이 아니다.

179

---

50 윌리엄 셰익스피어, 《맥베스》, 최종철 옮김, 민음사, 2018, p.92.

51 험프리 카펜터, 《톨킨 전기》, 이승은 옮김, 해나무, 2004, p.59.

3. 또 다른 어벤져스

여기서 언급할 이들은 만화 원작에서는 분명 어벤져스의 일원으로 활동하고 있지만, 영화 어벤져스 시리즈에서는 열외에 있던 히어로들이다. 그러나 이들을 소재로 한 단독 영화 시리즈가 제작되어왔고, 이들 또한 마블 시네마틱 유니버스의 부상에 기여한 히어로라는 점에서 언급할 필요가 있다. 이 장에서 독립적으로 다룰 대표적 히어로는 판타스틱 포, 엑스맨, 데드풀, 데어데블이다. 대부분 만화 원작에서 어벤져스 팀원으로 활약하고 있으나, 아마도 영화의 스토리 구성 과정에서 제외되었으리라 짐작된다. 이들을 언급해야 하는 또 다른 이유는 다음 장에서 만화 《시빌 워》를 중심으로 이루어질 논의와 이들의 행보가 어느 정도 연관성을 갖고 있기 때문이다.

판타스틱 포 ★

데뷔작: 〈Fantastic Four #1〉(1961)

마블의 최초의 히어로팀인 판타스틱 포의 탄생 계기는 매우 흥미롭다. 마블 코믹스의 전신인 아틀라스 코믹스가 축소되는 바람에 위기감을 느끼던 스탠 리에게 어느 날 마틴 굿맨은 새로운 슈퍼 히어로팀을 구상하라고 지시한다. 경쟁사 DC 코믹스의 발행인 잭 리보위츠와 골프를 치던 중, 그가 《저스티스 리그 Justice League》 시리즈 흥행에 대해 자랑을 늘어놓자 이에 자극을 받은 것이다.[52] '판타스틱 포'라는 마블 최초의 히어로팀은 이렇게 탄생하게 되었다.

당시에는 가족으로 이루어진 슈퍼 히어로팀은 아직 존재하지 않았다. 스탠 리는 조지 스톰과 수잔을 남매로 설정한 후, 그들의 리더인 미스터 판타스틱 리드 리처즈와 그의 절친한 친구 벤 그림을 팀에 합류시킨다. 훗날 수잔과 리드 리처즈가 결혼하게 되면서 이들은 더욱 공공연한 '최초의 가족 히어로팀'으로 거듭

---

52 로이스 그레시, 로버트 와인버그, *op. cit.*, p.55.

난다. 이들 중 리드와 벤은 비록 혈연관계는 아니지만 대학 룸 메이트이자 군대 동료로 오랜 기간 우정을 키워왔다. 그들은 거의 가족과 같은 사이다.

스탠 리는 팀의 리더인 리드 리처즈에게 신체 능력이 탁월한 기존의 슈퍼 히어로로 이미지 대신, 탁월한 두뇌의 빼빼 마른 천재 과학자 '미스터 판타스틱'의 캐릭터를 부여했다. 이후 그는 코스믹 레이라는 특이 성분에 노출되어 사지가 자유롭게 휘고 늘어나는 유연한 몸을 갖게 되었고, 이러한 캐릭터를 만들기에 리드 리처즈의 유약한 육체는 과연 적합한 설정이었다.

그들이 초자연적 능력을 얻게 된 사연은 리드가 우주선을 설계하면서부터 시작된다. 리드 리처즈는 충분한 계산과 검증 과정을 거치지 않은 채, 다만 우주에 진출하는 첫 주자가 되고 싶다는 이유로 이 계획을 무리하게 몰아붙였다. 당시 미국이 소련과의 경쟁구도 하에 추진하던 우주 개발 계획을 떠올려 보면 이러한 설정이 그다지 비현실적인 것만은 아니다. 리드의 친구이자 우주선 조종사였던 벤 그림은 이에 대해 우려를 표명했지만, 리드와 수잔 스톰의 설득에 못 이겨 이를 받아들인다. 그러나 리드가 설계한 우주선은 그의 자만심에 저항하듯 추락해 버렸고, 네 사람은 코스믹 레이에 노출됨으로써 각기 다른 능력을 지니게 된다.

　우주선을 조종한 벤은 '더 씽'이라는 괴력의 히어로가 되었지만, 애석하게도 방탄 피부를 얻은 대신 외양은 벽돌 조각들을 붙여 놓은 것처럼 변해버렸기에 자신의 외모에 대해 심한 콤플렉스를 가지고 있다. 이 팀의 유일한 여성 히어로 수잔 스톰, 즉 '인비저블 우먼'에게는 투명해지는 능력과 포스필드라는 보호막을 만드는 능력이 주어졌다. 그녀의 남동생인 로니 스톰은 '휴먼 토치'라는 이름으로 불리며 온몸이 불꽃으로 변하는 히어로가 되는데, 사실 휴먼토치는 1939년, 칼 버고스가 〈마블 코믹스〉 1호에 등장시켰던 같은 능력을 가진 동명의 안드로이드를 차용해 재창조한 캐릭터다. 앞서 언급했듯, 비전의 기반이 되었던 안드로이드 휴먼 토치와 판타스틱 포의 일원인 휴먼 토치는 서로 무관하다.

　당시로서는 상당히 독창적이었던 이 히어로팀은 스탠 리가 창조한 첫 히어로팀이자, 팀원들 간 강력한 유대감을 지닌 '최초의 가족 히어로팀'이라는 점에서 의의가 있다. 이들이 히어로팀과 다른 점이 있다면 그 이유는 가족이라는 이름으로 유지되는 유대의 지속성과 헌신성에 있을 것이다. 따라서 이 만화는 1960년대 기존의 히어로물이 다룬 주제와 달리, 구성원들을 둘

183

러싼 유대와 소외, 그리고 우정에 관한 문제 등을 보다 폭넓게 다룰 수 있었다.

크리스 라이얼Chris Ryall과 스콧 팁튼Scott Tipton은 〈가족으로서의 판타스틱 포: 가장 강한 유대 관계〉라는 글에서 판타스틱 포 팀원들이 얻게 된 능력에 대해 재미있는 해석을 덧붙인다. 이들이 갖게 된 초능력은 각 개인의 성격을 암암리에 대변하고 있다는 것이다. 팀원들 중 가장 내성적인 성격의 수잔 스톰은 마치 자신의 무의식을 대변하듯, 사람들 눈에는 보이지 않는 투명인간으로 변할 수 있는 능력이 생긴다. 조니 스톰은 십 대의 불같은 성격을 대변하듯 온몸이 불타오르는 인간 횃불로 변신한다. 리드 리처즈의 육체적 유연성은 그가 가진 유연한 지성을 드러낸다. 그의 정신세계가 자유롭게 뻗어나가듯, 그의 몸 또한 자유자재로 늘어났다 줄어든다. 성급하면서도 강직하고 완고한 성격의 벤 그림은 그의 성격에 걸맞는 더 씽의 모습을 취한다. 어떻게 보면 이들 모두 자신의 내면을 형상화한 모습으로 변신한 셈이다.[53]

만화 원작에서 리드 리처즈는 어벤져스의 주요 인물로 활동

---

[53] 마크 웨이드 외 지음, *op. cit.*, p.209.

한다. 특히 과학자인 그는 아이언맨인 토니 스타크, 앤트맨인 행크 핌과 더불어 연구에 참여한다. 그러나 그의 과신으로 인해 친구와 가족들이 위험에 처한 바 있고, 특히 친구 벤의 모습이 변한 데 대해 죄책감을 느낀다. 벤이 자신의 외모에 자괴감을 느낄 때마다 리드는 과거를 되돌아보게 된다. 리드가 우수한 천재 과학자라 할지라도 벤을 본래의 모습으로 되돌릴 능력은 없기 때문이다. 이 두 히어로는 이 같은 채무감과 우정으로 인해 더욱 돈독해졌고 가족 못지않은 관계로 성장한다. 게다가 결손 가정에서 태어난 벤 그림은 누구보다도 안온한 가정과 가족 구성원으로서의 삶을 꿈꿔 왔기에, 특히 판타스틱 포라는 팀에 대한 소속감과 애정이 매우 강하다.

물론 이들이 가족과도 같은 이 집단에서 아무런 갈등 없이 활동한 것만은 아니다. 수잔과 리드는 공식 히어로로 부부로서의 의무와 평범한 부부의 일상 사이에서 충돌하게 되며, 만화 원작 《시빌 워》에서는 초인등록법에 대한 입장 차이로 잠시 별거하기도 한다. 그럼에도 불구하고 여러 번의 위기를 거친 판타스틱 포가 건재할 수 있는 이유는, 이들이 가족으로서의 결속력과 신뢰뿐만 아니라 정의 추구라는 공동의 목표를 지녔기 때문이다.

그들은 함께 있을 때 더 큰 힘을 발휘하며, 팀원이 곤경에 처했을 때도 가장 먼저 달려간다. 가족이라는 판타스틱 포의 특수성은 때로 그들을 돕기 위해 등장한 다른 히어로들에게까지 영향을 미친다. 후일 조니 스톰의 여자 친구가 되는 크리스탈이나, 벤이 한때 애정을 느꼈던 미즈 마블의 경우에도 이 팀원들과 교류한 뒤로는 가족과 같은 친근함을 느끼게 되었다. 그들에게는 가족에만 존재하는 끈끈한 유대감과 깊은 사랑이 내재해 있기 때문이다. DC의 《저스티스 리그》와는 다른, 《판타스틱 포》만의 자랑할 만한 차별성은 바로 여기에 있다.

신화적 기원

리드 리처즈는 다소 무모하게 로켓의 성능을 시험하던 중 팀원들 전체를 위험에 빠뜨렸고, 결국 이로 인해 모두 초인적인 능력을 갖게 되었다. 과학자로서 그의 오만함과 자만심은 신화 속 이카루스를 떠올리게 한다.

발명가 다이달로스가 아들인 이카루스와 탑 안에 감금되었을 때, 그는 새의 깃털을 밀랍으로 붙여 날개를 만든 뒤 자신과 아들의 몸에 달았다. 다이달로스는 비행을 시작하기 전 아들에게 당부한다. 절대 태양이나 바다에 너무 가까이 가지말고 중간 상태를 유지하며 비행하라고. 태양에 가까이 가면 밀랍이 녹아 날개가 떨어질 것이고, 바다에 가까이 가면 날개가 물에

젖어 무거워지므로 익사할 수 있기 때문이다. 그러나 어린 이카루스는 아버지의 조언 따위는 아랑곳하지 않고 태양과 바다를 누비며 자유롭게 날아다녔다. 결국 태양에 너무 가까이 가는 바람에 그의 밀랍 날개는 녹아버렸고, 이카루스는 바다에 추락사했다.

그리스 신화는 이카루스가 지녔던 비상에 대한 꿈이 추락으로 이어지는 이 이야기를 통해 인간이 자신의 오만함(hybris)을 경계해야 함을 가르친다. 이 오만은 단순히 더 높이 오르겠다는 열망을 의미하는 데에 그치는 것이 아니라 비행 능력에 대한 인간의 과신, 나아가 비행을 가능하게 만든 과학 기술에 대한 과신이라 해석할 수 있다.

이러한 관점에서 리드 리처즈의 오만함은 곧 이카루스의 오만함과도 비슷하다. 리드는 자신이 설계한 로켓의 성능과 자신의 능력을 과신했고, 그 결과 팀원 전체를 위험에 빠뜨렸다. 어쩌면 판타스틱 포가 결성된 것은 이 추락 덕분이라 볼 수도 있다. 하지만 리드 리처즈는 머지않아 이와 비슷한 시행착오를 다시 한번 경험하게 된다. 만화 원작에서 리드가 토니 스타크와 함께 초강력 A.I.인 울트론을 만들었을 때, 이 존재가 어벤져스를 위협하게 되자 그는 또다시 후회한다. 그러나 그의 자만심은

187

마치 이카루스가 그랬듯, 항상 중용을 유지해야 한다는 점을 간과하곤 했다.

판타스틱 포에서 찾을 수 있는 또 다른 신화적 요소는 수잔 스톰, 즉 인비저블 우먼이 지닌 투명인간으로서의 능력이다. 스탠 리가 이 캐릭터를 만들어 내는 데 있어 허버트 조지 웰스의 《투명인간The Invisible Man》으로부터 영감을 받았으리란 점은 자명하다. 사실 소설《투명인간》의 테마가 그다지 새로운 것은 아니다. 투명인간 이야기의 가장 오래된 기원은 아마도 그리스 신화에 등장하는 하데스의 투구, '퀴네에'일 것이다. 앞서 언급했듯 플라톤의《국가》에서 역시 이와 비슷한 '귀게스의 반지' 일화가 소개된다.

소설《투명인간》에서는 인간을 보이지 않게 하는 이 능력이 마법에서 비롯된 것이 아니라 과학으로 인한 것임을 이야기한다. 과학자인 주인공 그리핀은 열정적이나 궁핍한 연구원으로, 색소 결핍증을 앓고 있었다. 극비리에 진행해 온 연구를 시험하던 중, 그는 공기 중 빛의 투과율을 낮추어 투명인간이 되는 데에 성공한다. 그러나 이토록 기이한 존재에 대한 타인의 경계심과 공포감으로 말미암아 쫓기는 몸이 되고, 그 와중에 본의 아니게 악행을 범하다 결국 비참한 최후를 맞는다. 죽음에 이르러

서야 그는 자신의 육체를 온전히 되찾을 수 있었다.

또한 이 소설에는 인비저블 우먼의 모티브 이상으로 흥미로운 부분이 숨어있다. 투명인간이 된 주인공 그리핀은 인간 사회 속에서 자신의 생존 방식에 한계를 느끼고 평범한 인간에게 도움을 청하게 되는데, 그가 처음으로 구한 조력자의 이름은 놀랍게도 토마스 마블Thomas Marvel이다.[54] 투명인간이 마블을 조력자로 삼았듯이, 스탠 리는 소설《투명인간》을 조력자로 삼아 인비저블 우먼을 창조했다. 게다가 소설《투명인간》에서 토마스 마블은 주인공 그리핀을 배신했지만, 인비저블 우먼인 수잔 스톰은 다행히 아직까지는 마블을 배신하지 않았다.

189

엑스맨과 울버린

엑스맨

데뷔작: 〈X-men #1〉(1963)

엑스맨은 뮤턴트, 즉 돌연변이로 이루어진 집단이다. '엑스맨 X-men'이라는 칭호는 〈엑스맨The X-men #1〉(1963)에서 찰스 자비에

---

54 H.G. 웰스, 《투명인간》, 임종기 옮김, 문예출판사, 2014, p.69.

박사가 엑스맨은 "보통의 인간을 넘어선 힘(extra power)을 지닌 자들"이라 정의한 데에서 유래했다. 자비에 박사 또한 그의 이름 Xavier의 이니셜을 따 프로페서X라 불린다. 그는 특수 능력을 가진 학생들을 교육하는 학교를 세우고, 사회에서 소외된 그들의 잠재 능력을 이끌어내는 동시에 인간과 공존하는 법을 가르친다.

엑스맨의 창시자는 판타스틱 포, 스파이더맨, 헐크, 토르, 아이언맨 등의 영웅들을 만든 스탠 리와 잭 커비였다. 1963년 스탠 리가 이 시리즈를 처음 기획했을 때, 그는 이 세상에서 다르다고 배척받는 사람들을 위한 이야기를 떠올렸다. 뮤턴트들은 당시 인종이나 성적 취향의 차이, 혹은 신체적, 정신적 장애로 말미암아 사회에서 소외된 계층들, 예를 들어 유태인, 흑인, 성적 소수자 등을 상징한다.[55] 스탠 리의 아버지는 루마니아 출신의 유태인이었고, 이민자의 신분으로 미국에 정착해 고된 삶을 살았다. 가난한 이민자 부모 밑에서 성장한 스탠 리의 작품에는 소외된 계층에 대한 연민이 드러난다. 엑스맨의 출현 역시 이러한 그의 개인사와 무관하지 않을 것이다.

---

55 스탠 리, 피터 데이비드, 콜린 도란, *op. cit.*, p.104.

스탠 리가 새로운 히어로팀을 꾸리고자 했을 때 마주친 난관은, 이번에는 어떤 사고로 어떤 초능력을 얻은 히어로를 만들까에 관한 것이었다. 감마선? 코스믹 레이? 아니면 방사능? 스탠리는 곧 이러한 외적 요인을 필요로 하지 않는 훌륭한 이유를 찾아냈다. 자연적으로 발생한 돌연변이들은 개체 수에 제한 없이 무한정으로 만들어질 수 있다는 설정이었다. 이로 인해 엑스맨의 캐릭터들은 더욱 다양해질 수 있었고, 독자들은 놀라운 능력을 지닌 이 청소년 캐릭터들에게 매료되었다. 사춘기가 시작되면서 발현되는 이들의 능력으로 인해 특히 젊은 독자들이 열광했다.

또한 스탠 리는 엑스맨 시리즈에서 청소년들이 느끼는 소외감을 다루는 한편, 자비에 교수와 그들 간에 형성된 연대감을 강조했다. 엑스맨은 아직 미숙한 상태에서 자신의 능력을 알게 되지만, 자비에 교수의 가르침 아래 능력을 조절하는 법을 배우며, 자신들을 배타했던 인류를 돕고자 한다. 인간 사회에서 차별받던 이들은 자비에 교수의 학교 안에서 서로 연대하며 가족이 된다.

탁월한 텔레파시 능력을 지닌 뮤턴트인 자비에 교수가 인간과 뮤턴트의 공존을 지향하는 반면, 자비에의 친구이자 후일 빌런으로 돌아서는 매그니토—자성이 있는 물질들을 통제하고 변형시킬 수 있는 강력한 힘을 지녔다—는 인간과의 공존은 절대 불가능하다고 믿으며 인간보다 우월한 뮤턴트들이 그들을 지배해야 한다는 신념을 갖고 있다. 엑스맨과 결별한 후 매그니토는 '브라더 후드 오브 이블 뮤턴츠'라는 단체를 만들어 리더로 활동하며 자비에와 대적한다. 매그니토를 아버지라 믿던 스칼렛 위치와 퀵실버 역시 잠시 이 그룹에서 활동한 바 있지만, 이들은 후일 어벤져스에 합류한다.

엑스맨 내에서 벌어지는 이러한 이념적 대립은 상당히 흥미로운데, 초능력자라 할 수 있는 뮤턴트들 간의 대립 구도는 독자들에게 히어로 간의 정의가 대립할 수 있다는 점을 미리감치 암시해 주기 때문이다. 또한 여기서 중요한 점은 이러한 대립이 그간 인간 사회에서 그들이 받아 온 뿌리 깊은 차별 때문에 시작되었다는 데에 있다.

우리가 일반적으로 생각하는 슈퍼 히어로와 뮤턴트의 능력 간에는 근본적인 차이점이 있다. 캡틴 아메리카, 아이언맨, 토르, 헐크와 같은 히어로들은 인간 사회에서 차별 받기보다는 숭배 받곤 한다. 그들의 능력이 대부분 후천적으로 발생한 것이기 때문이다. 토르를 제외한 마블의 영웅들은 대개 평범한 인간으로 태어나 불의의 사고를 거쳐 초인이 되는 경향이 있다. 따라서 그들은 애초부터 히어로였다기보다는 일상적 삶을 살던 와중에 히어로로서의 삶을 선택하게 되었기에, 애초부터 배척받아 온 뮤턴트들과는 전적으로 다르다.

처음부터 '변종'이라 낙인찍힌 뮤턴트들의 경우에는 그들이 지닌 초인적 능력이 어떤 것이며, 인간을 도울 수 있는 능력인지의 여부와는 상관없이 인간 사회 속에서 소외와 차별을 경험하게 되는 것이다. 이는 우리와 다른 그들의 외양 때문이기도 하지만, 선천적으로 인간과 다른 존재에 대한 선입견 탓이기도 하다. 이런 점에서 뮤턴트들은 슈퍼 히어로와는 달리 다소 모호한 위치에 있는 히어로이다. 그들은 인간 세계를 동경하는 동시에 원한을 품고 있기도 하다. 뮤턴트들 간의 분열이 시작된 것 또한 이 때문이다.

흥미로운 점은 이후 이 대립이 뮤턴트 뿐만 아니라 슈퍼 히어로들 사이에서도 야기된다는 점이다. 게다가 슈퍼 히어로 간의 내전을 그린 만화 《시빌 워》에서 뮤턴트들이 취하는 입장이 지극히 중립적이었다는 점 또한 주목할 만하다. 그들은 이미 동족 간의 분열과 대립을 경험한 적이 있음에도 불구하고, 아니면 그러한 대립으로부터 얻은 교훈 때문인지, 양분된 히어로 팀 중 어느 편에도 속하려 하지 않는다. 우리는 이어지는 IV장의 《시빌 워》에 대한 논의에서 이 점에 관해 보다 자세히 다룰 것이다.

『엑스맨』 시리즈는 마블 시네마틱 유니버스를 인기 절정에 오르게 해 준 신호탄이었다. 마블 영화 세계 속에서 『엑스맨』은 독립된 시리즈로 자리했을 뿐 ―스칼렛 위치와 퀵실버를 제외하고는― 『어벤져스』 시리즈에서 직접적인 활약을 하지는 않았다. 그러나 만화 원작 속에서 뮤턴트들은 때로 어벤져스 활동에 합류하며 지원군 역할을 한다. 대표적인 캐릭터는 마블의 뮤턴트 히어로 중 가장 큰 인기를 누리고 있는 울버린이다.

194

울버린

데뷔작: 〈Incredible Hulk #180〉(1974)

1963년 만화 《엑스맨》의 첫 시리즈가 출간되었을 때의 초기 멤버는 프로페서X, 매그니토, 아크 엔젤, 비스트, 사이클롭스, 아이스맨, 진 그레이였다. 하지만 이 뮤턴트 집단이 더욱 알려지게 된 것은 역시 울버린, 스톰, 로그 등의 영웅들이 합류하고부터이다. 울버린은 엑스맨의 선발 주자는 아니지만 뮤턴트 중 가장 잘 알려져 있고 가장 사랑받는 매력적인 캐릭터이다. 〈인크레더블 헐크 #180〉(1974)에 잠시 등장한 것을 시작으로 독립된 캐릭터로 구성될 만큼 큰 인기를 얻었다.

'울버린(Wolverine)'은 본디 북유럽과 북미 등에 실제로 서식하는 곰과 야생동물의 명칭이다. 어느 날 마블의 편집장인 로이 토마스Roy Thomas는 작가 렌 웨인Len Wein에게 '울버린'이라는 이름의 캐릭터를 만들어 보는 것이 어떻겠냐고 제안한다. 마치 동물 울버린의 서식지를 연상시키듯, 그 캐릭터는 캐나다인이고, 작은 체구를 지녔으며—배우 휴 잭맨Hugh Jackman의 신장은 잠시 잊도록 하자—, 동물 울버린의 사나운 기질을 지닌 돌연변이이다.

만화 원작에 따르면 울버린은 19세기 후반 캐나다의 대지주였던 아버지 론 하울렛과 어머니 엘리자베스와의 사이에서 제임스 하울렛이라는 이름으로 태어났다. 정원사였던 토마스 로건의 아들인 도그, 어린 시절 친구인 로즈와 더불어 행복한 유년기를 보내던 중, 도그가 저지른 범죄로 인해 로건이 아들과 함께 도주하는 사건이 발생한다. 그러나 사실 정원사 로건은 하울렛의 아내 엘리자베스와 내연 관계를 맺어오고 있었다. 농장으로 돌아와 엘리자베스를 되찾으려던 로건은 그 와중에 주인 존 하울렛을 죽이게 된다. 울버린이 자신의 돌연변이적 특성을 처음으로 드러낸 것은 바로 이때였다. 제임스 하울렛, 즉 어린 울버린은 난생 처음 손에서 발톱이 솟아나는 신체적 변화를 경험하는데, 때마침 아버지에 대한 복수심에 불타 이 능력으로 정원사 로건을 살해하고 만다.

이후 울버린은 야생으로 잠적해 버린다. 성장함에 따라 자신의 외모가 아버지 하울렛보다는 정원사 로건을 닮아간다는 것을 깨달은 그는, 결국 자신의 친부가 어머니와 내연 관계에 있던 토머스 로건이었음을 알게 된다. 그리고 자신의 이름을 '로건'으로 개명한다.

로건은 제1차 세계대전 중에는 군대에 입대했고, 제2차 세계대전 중에는 캡틴 아메리카와 팀을 이루어 활동하는 한편, 용병으로 활약하기도 했다. '웨폰 엑스'라는 프로그램의 실험 대상이 되어 뼈에 특수 금속인 아다만티움을 주입해야 했지만, 이때부터 그의 뼈는 아다만티움과 융합해 보다 강력한 힘을 발휘하기에 이른다. 때문에 그 무게로 인해 수영에 어려움을 느끼며, 특히 모든 종류의 금속과 자성을 통제할 수 있는 매그니토 앞에서는 힘을 발휘하지 못한다. 그러나 그는 힐링 팩터라는 강력한 자가 치유 능력을 갖고 있는 뮤턴트이다.

엑스맨에 속해있음에도 불구하고 독립된 캐릭터로서 많은 사랑을 받은 울버린은 최근 그의 노년을 그린 만화《울버린: 올드 맨 로건Wolverine: Old Man Logan》과 그 만화를 영화화한 『로건』을 통해 기존 히어로물에 대한 새로운 관점을 제시했다. 서부 영화 분위기와 히어로물을 교묘히 결합한 원작 만화와 이를 각색한 영화를 통해 독자들은 엑스맨의 수장 격이었던 자비에 박사—그는 노년에 알츠하이머 환자가 되어 정신적 혼돈을 겪고 있다—와 엑스맨의 후세대인 어린 소녀를, 즉 엑스맨의 과거와 미래 모두를 보호해야 하는 고독한 올드 히어로 울버린과 만난다.

이보다 이전에 노년의 슈퍼 히어로를 그린 작품으로는《왓치맨》과《배트맨: 다크 나이트 리턴즈》가 있지만, 로건의 노년기는 그야말로 초인의 삶을 끝까지 불태우는 진정한 영웅의 모습을 보여준다. 그리고 우리에게 다음과 같은 질문들을 던진다.

초인적 능력을 지닌 채 나이가 든다는 것은 곧 초인적 능력 역시 노화된다는 것을 의미하는 것일까? 초인적 능력과 엄격한 정의관도 육체처럼 노화되는 성질의 것인가? 생의 마지막 순간까지 영웅으로 남는다는 것은 과연 어떤 의미일까?

신화적 기원

울버린의 외적인 변신 과정에서 가장 먼저 떠오르는 것은 아마도 늑대인간 신화가 아닐까? 그의 두 손에서 강력한 아다만티움 발톱이 튀어나올 때, 우리는 보름달이 뜨는 밤 온몸이 털로 덮이고, 손에서 날카로운 발톱이 돋아나는 늑대인간의 모습을 떠올린다. 게다가 늑대를 지칭하는 울프의 복수형 'Wolves'는 '울버린'의 어감과도 꽤 닮았다. 그러나 실제 모델은 늑대와는 다른 동물인 울버린이었음을 상기하자.

그의 외적인 변화 못지않게 요동치는 심리적 변화를 대변해 줄 만한 신화는 아마도 오이디푸스 신화일 것이다. 자라서 아버지를 죽이고 어머니와 결혼하게 될 것이라는 무서운 신탁을 피하기 위해 젊은 오이디푸스는 부모로부터 멀리 떠났다. 여행을 하던 그는 통행 문제로 실랑이를 벌이던 중, 우발적으로 한 노인을 죽이게 된다. 이후 그는 스핑크스의 수수께끼를 풀어 테베의 왕이 되었고, 선왕이 부재한 까닭에 관습에 따라 선왕의 부인 이오카스테를 왕비로 삼아 자녀들을 두었다. 그러던 어느 날 테베에 갑작스레 역병이 돌기 시작했다. 오이디푸스는 신탁을 통해 이 저주를 풀어보려 했고, 결국 예전에 자신이 죽인 노인이 선왕이자 친부였다는 사실과 자신이 생모와 결혼해 부부로 살아왔음을 알고 오열한다. 그의 어머니이자 부인이었던 이오카스테는 이 사실을 알고 자살했다. 오이디푸스는 자신의 운명을 직시하지 못한 두 눈을 탓하며, 죽은 이오카스테의 브로치로 자신의 눈을 찔러 맹인이 되었다.

이 무시무시한 그리스 비극의 구도는 분명 울버린의 유년기를 떠오르게 한다. 그가 자신의 아버지를 살해한 정원사 로건을 죽였을 때, 그는 로건이 자신의 생부라는 사실을 상상조차 하지 못했다. 훗날 그가 이 사실을 알게 된 후 겪어야 했던 방황과 죄책감은 오이디푸스 왕의 비극적 운명 못지않게 울버린이라는 캐릭터가 지닌 상처와 고통을 배가시킨다.

데어데블 ★

데뷔작: 〈Daredevil #1〉(1964)

데어데블은 스탠 리와 빌 에버렛의 손에서 태어났고, 1964년 처음 등장했다. 이 히어로가 다른 히어로들과 차별화되는 가장 큰 이유는 그가 시각 장애인이라는 데에 있다. 어떻게 시각을 잃은 데어데블이 슈퍼 히어로가 될 수 있었을까? 데어데블이 되기 전 매트 머독은 뉴욕의 헬스 키친이라는 지역에서 태어나 자랐다. 그의 아버지 잭 머독은 복서 출신으로 무슨 연고에서인지 혼자 아들을 키우고 있었다. 어느 날 매트 머독은 한 행인을 구하기 위해 그를 밀치고 대신 트럭에 치이고 만다. 게다가 불행히도 그 트럭에 실려 있던 방사능물질로 인해 어린 매트 머독은 그만 시력을 잃게 되었다. 하지만 방사능물질은 그에게서 시력을 앗아간 대신 시력을 제외한 나머지 감각들을 극대화시켜 주었고, 그로 인해 매트 머독은 이른바 '레이더 센스 radar sense' 능력을 갖게 되었다. 특히 최고조로 발달된 청각과 후각 덕택에 그는 보지 않고도 사물의 움직임과 형태를 구분할 수 있다.

잭 머독은 어린 아들에게 교육의 중요성과 나중에 자신보다 훌륭한 사람이 되어야 한다는 점을 강조해 왔다. 매트 머독은 아버지의 교육열에 힘입어 법대에 진학했고, 변호사가 되어 낮에는 변호사로 일하는 한편, 밤에는 뉴욕의 빌런들과 맞서는 영웅으로서의 이중생활을 유지할 수 있었다.

그가 처음으로 슈퍼 히어로의 삶을 선택하게 된 것 역시 아버지의 영향 때문이었다. 아들이 실명한 후, 전적으로 그를 보살펴야 하는 입장에 처한 잭 머독은 유명한 갱스터인 픽서 파 밑에서 복싱 활동을 재개한다. 그러던 어느 날 잭 머독은 픽서 파의 주선으로 상대 선수에게 일부러 져주기로 계획된 경기에 출전한다. 그러나 아들 매트 머독이 관중석에 와 있는 것을 본 그는 자랑스러운 아버지가 되고자 상대방을 때려눕혔고, 픽서 파는 자신을 배신한 잭 머독을 살해했다. 복수심에 불탄 매트 머독은 이 사건으로 인해 히어로의 길로 들어선다.

그때부터 그는 죄 없는 자신의 아버지를 죽인 악당들, 이후 그를 괴롭히는 킹핀, 불스아이와 같은 악한들에 맞서야만 했다. 슈퍼 히어로 중에서는 특히 스파이더맨과 친하게 지내는데, 그 것은 아마도 피터 파커 역시 방사능으로 인해 히어로가 되었다 는 점과 둘 모두 고아로 자랐다는 데에 동질감을 느껴서였으리라 추측해 볼 수 있다.

데어데블이라는 독특한 영웅의 개성과 내적 갈등, 그리고 고독감을 가장 잘 표현한 작품은 프랭크 밀러와 데이비드 마추켈리David Mazzucchelli가 공동 작업으로 선보인《데어데블: 본 어게인 Daredevil: Born Again》이 아닐까 한다. 프랭크 밀러 특유의 멋진 내레이션과 마추켈리의 아름다운 작화가 만난 이 작품을 통해 매트 머독은 데어데블이라는 명칭 이외에도 "두려움 없는 자(Man without fear)", "헬스 키친의 악마(Devil of Hell's Kitchen)" 등의 칭호를 얻었다. 이 작품에서 특히 주목할 만한 점은 매트 머독이 가톨릭 신자라는 점을 암시한다는 데에 있다. 다른 히어로들과는 달리 그는 '기도하는 히어로'이다. 이 점이 특히 우리의 흥미를 자극한다. 신앙을 가진 슈퍼 히어로라니!

매트 머독의 어머니 매기는 그가 아직 어릴 때 가정을 떠나 수녀가 되었다. 아마도 매트 머독 역시 신앙심이 깊었던 어머니의 영향을 받았을 것이다. 데어데블이 절박한 위기에 처했을 때 그의 어머니는 마치 성모 마리아처럼 나타나 그를 돕는다. 비록 눈은 보이지 않지만 매트 머독은 일반적으로 인간이라면 느끼는 심리적, 육체적 두려움을 거의 느끼지 않는다. 또한 대중 앞에서 연설하거나 변호하는 데에 익숙하며, 자신의 앞에 놓인 미지의 것들에 대해 전혀 두려워하지 않는다. 어떻게 보면 신앙인으로서 그의 모습과 앞이 보이지 않는다는 신체적 조건은 자칫 그가 빠져들 수도 있는 일종의 '맹목성'을 우려하게 만든다. 혹시라도 그의 두려움 없는 성격이 종교적 신앙으로 인한 맹목성과 연관된 것은 아닐까 하는 의문도 든다. 그렇다면 신이라는 존재를 믿는 매트 머독의 신념과 슈퍼 히어로의 임무 간에 모순은 없을까?

톰 모리스는 〈신, 악마, 매트 머독〉이라는 자신의 글에서 이에 대한 문제를 제기한다.[56] 그는 매트 머독이 어린 시절부터 배워온 종교적 가치관이 슈퍼 히어로 데어데블의 윤리관에 영향을 끼쳤으리라 본다. 이웃을 향한 사랑, 가난한 자들에 대한 연민, 그리고 진리와 정의 추구 등은 사실 모든 종교가 추구하는 이상

202

---

56 마크 웨이드 외, *op. cit.*, pp.82-113.

이기 때문이다. 매트 머독은 '두려움이 없는 자'이지만, 이 '두려움'이란 세속적인 현실이나 힘 있는 자들에 대한, 또는 자신이 이익을 얻지 못하는 것에 대한 두려움과는 본질적으로 다른 것이다. 그것은 악이나 불의에 대한 두려움이자, 타인의 고통이나 피해에 대한 두려움이다. 즉 매트 머독에게 있어 두려움이란 일반 사람들이 느끼는 것과는 다른 성격의 것이라는 데에 주목할 필요가 있다. 그는 분명 착실한 신앙생활을 하지는 않으며, 악한을 처단하는 과정에서 불가피하게 살인이나 폭력을 감내해야 한다. 그러나 그는 가능한 한 악한을 죽이지 않으려 하고, 때로 악한을 놓아주기도 하며, 그들의 죽음에 애도를 표하기도 한다. 그렇다면 이러한 매트 머독의 삶은 과연 비난받아 마땅할까? 어떻게 보면 이러한 삶은 현대 종교인들 역시 범하고 있는 모순이 아니던가?

　매트 머독은 성서의 가장 주된 두 계율, 하느님(신)을 사랑하라는 것과 이웃을 사랑하라는 계율을 따르고자 한다. 그것이 곧 데어데블의 정의이다. 비록 독실한 신자라 하기에는 무리가 있을지라도, 가톨릭적 믿음이 그가 정의를 수호하는 데에 훌륭한 안내자가 되어 주었다는 점은 부인할 수 없다. 그리고 바로 이런 점이 이 독특한 히어로의 위치를 확고히 해 준다. 만화 속 데어데블은 어벤져스에 가담해 활동하지만, 영화 『어벤져스』 시리즈에는 등장하지 않는다. 하지만 데어데블을 주인공으로 한 영화가 2003년 개봉되어 호평을 받은 바 있으며, 최근에는 넷플릭스 드라마로도 제작되어 인기를 끌었다.

신화적 기원

데어데블의 신화적 기원을 찾기란 쉽지 않다. 그러나 이 히어로의 본질적 측면에 집중해 본다면 그리스 신화 속 인물 중 한 명을 떠올릴 수 있을 것이다. 그는 바로 맹인 예언가 테이레시아스이다.

테이레시아스는 어느 날 우연히 아테나 여신이 샘에서 목욕하는 모습을 훔쳐보았다. 그녀가 신인 줄 모른 채 아테나를 엿보던 그는 여신의 전령인 흰 까마귀로 인해 이 행위를 들켜버리고 만다. 아테나는 테이레시아스를 가까이 불러 그의 눈을 쓰다듬으며 "이것은 신의 몫"이라 말했다. 동시에 아테나는 그의 가슴을 쓰다듬으며 "이것은 아테나의 몫"이라 말한다.[57] 테이레시아스는 신성한 여신의 육체를 염탐한 데에 대한 대가로 시력을 빼앗겼으나, 아테나의 자비로 마음의 눈인 '심안'을 얻게 되었다. 비록 앞은 보이지 않으나 미래를 예견하는 그의 능력은 아

204

---

57 이윤기, 《뮈토스 1부: 신들의 시대》, 고려원, 1999, p.288.

르고 원정대에게 도움을 주는가 하면, 후일 오디세우스의 귀행
길을 알려주기도 한다.

데어데블과 테이레시아스의 첫 번째 공통점은 우발적 사고로
앞을 보지 못하게 되었다는 데에 있다. 물론 테이레시아스가
당한 사고란 매트 머독이 당했던 것과 같은 물리적인 사고라기
보다는 호기심이 야기한 불운에 가깝지만 말이다. 적어도 그들
은 자신의 의지와는 상관없이 우연한 계기로 시력을 잃게 된 것
이다.

둘 간의 또 다른 공통점은, 실명의 위기와 함께 얻게 된 특유
의 능력에 있다. 매트 머독은 시력을 잃었지만 대신 그의 다른
감각들은 최고조의 능력을 발휘할 수 있게 되었고, 테이레시아
스는 시력 대신 미래를 점치는 통찰력과 심안을 얻었다.

이들 간의 마지막 공통점은 그들의 마음속에 항상 신에 대한
믿음이 자리하고 있다는 데에 있다. 매트 머독이 수녀가 된 어
머니와 신을 신뢰하며 자신의 운명 안에서 최선을 다하듯이, 테
이레시아스 역시 자신을 실명하게 만든 아테나를 원망하기보다
는 자신의 운명에 순응하며 심안을 부여해 준 아테나를 찬양한
다. 의도치 않게 찾아온 자신들의 불행에 맞서 울분과 원망으로
응수하기보다, 그들은 자신의 장애를 더 나은 세상을 위한 발판

205

으로 삼는다.

데드풀 ★

데뷔작: 〈The New Mutants #98〉(1991)

데드풀은 마블 히어로들 중 비교적 신참에 속하는 캐릭터이다. 대부분이 1960년대에 처음 선보인 원로급 히어로들인 반면, 데드풀은 1991년 〈뉴 뮤턴트The New Mutants #98〉을 통해 처음으로 모습을 드러냈다. 데드풀은 시나리오 작가 파비안 니시에자Fabian Nicieza와 작화가이자 작가인 롭 라이펠드Rob Liefeld에 의해 탄생한 일종의 안티 히어로이다.

이른바 "입담이 센 용병" 혹은 "떠버리 용병"으로도 유명한 그의 본명은 웨이드 윌슨으로 알려져 있다. 울버린과 마찬가지로 캐나다 출신의 군인이었으며, 처음부터 초인적인 능력을 갖고 있지는 않았다. 용병으로 활동하던 그는 자신의 뇌에 치명적인 종양이 자라고 있다는 사실을 알게 된다. 그는 치료를 위해 웨폰 X 프로그램에 지원하는데, 이때 울버린의 '힐링 팩터'를 주입받아 치유의 능력을 얻지만 정작 치료가 필요했던 종양 수술은 실패로 끝났다. 부작용으로 데드풀의 몸에는 암세포가 퍼졌고, 온몸에 그 흔적이 남아 정신적 상태마저 불안정해졌다. 그는 실

험에 실패한 자들을 대상으로 하는 인체 실험실로 옮겨져 죽음
의 위기에 처하지만, 힐링 팩터의 영향력으로 말미암아 기력을
회복하고 그곳으로부터 탈출했다. 이후 그는 자신을 '데드풀'이
라 칭하며 용병 생활을 시작한다.

　그는 치유력으로 인해 강해졌지만, 원하지 않아도 계속 부활
해야만 하는 운명을 맞았다. 또한 엄청난 속도감, 한 번 본 무술
을 전부 기억하는 특이한 능력을 얻었다. 그는 수술로 인해 변
형된 얼굴을 가리고자 항상 가면을 착용한다. 그가 가면을 쓰는
이유는 히어로로서의 신분을 노출하지 않기 위해서라기보다 외
양에 대한 심한 콤플렉스 때문이다. 수다스러운 떠버리 용병으
로 잘 알려진 데드풀은 최악의 상황에서조차 특유의 유머와 음
담패설로 독자와 관람자들을 환기시킨다. 게다가 미국 대중문
화에 정통한 그는 각종 영화, 드라마, 노래 가사를 자유자재로
인용, 패러디하며 웃음을 유발한다. 심지어 빌런들조차 그의 쉴
새 없는 농담과 수다로 인해 전투에 몰입하지 못한다. 이런 태
도는 비단 자신의 적인 빌런들만을 향하고 있지 않다. 그는 독
자인 우리들을 직접적으로 도발하기도 한다.

　20세기 후반에 탄생한 히어로답게 그의 내레이션 구도 역시
데드풀이라는 캐릭터만큼이나 독자적 양상을 보여준다. 이 중

가장 흥미로운 부분은 자신이 만화 속 주인공이라는 사실을 인지하고 독자들, 혹은 관객들과 소통을 꾀하는 '제4의 벽' 타파이다. 데드풀이 기존의 히어로들과 마찬가지로 2차원 공간인 만화 세계에만 머문다면 3차원에 존재하는 독자들과의 소통은 불가능하다. 데드풀은 이처럼 독자와 주인공 사이에 존재하는 '제4의 벽'을 빈번히 부수고 나온다.[58] 자신의 분량에 항의하며 마블 편집장에게 전화를 건다거나, 각주가 달린 만화에서 본인이 직접 그 각주의 내용을 설명하는 등, 데드풀은 기존 주인공들이 보여주지 않은 독특한 행동으로 우리를 놀라게 한다.

그의 파격적인 행보는 특히 《데드풀의 마블 유니버스 죽이기 Deadpool Kills the Marvel Universe》라는 작품에서 잘 드러난다. 자비에 교수가 데드풀에게 힐링 팩터를 주입해 재생시키려 데려간 병원에서 '사이코맨'이라 불리는 의사가 자신의 정신에 침투한 순간, 데드풀은 스스로에 대해, 그리고 마블 유니버스에 대해 각성하

---

58 이 같은 화법은 사실 스탠 리가 〈어메이징 판타지〉에 등장한 스파이더맨 첫 화에서 이미 시도했던 것이다. 데드풀이 만화 속 주인공인 자신과 독자들 간에 존재하는 제4의 벽을 깨뜨렸다면, 당시 스탠 리는 마치 독자들에게 말을 건네듯 히어로의 모험을 안내해 주며 작가와 독자 간에 존재하는 제4의 벽을 무너뜨렸다. 이러한 전개 방식은 당시 주요 경쟁사였던 DC의 히어로들이 구사하던 정중하고 예의바른 말투와는 대조적인 것이었다. 독자들은 작가가 들려주는 이야기에 귀를 기울이며 마치 히어로들의 은밀한 비밀을 공유하는 듯한 느낌을 받았고, 스탠 리는 이를 통해 작가와 독자 간의 거리감을 좁힘으로써 독자들이 히어로들과 더욱 친숙해지도록 도왔다.

게 된다. 만일 그동안 히어로들의 삶을 좌지우지 했던 제4의 벽을 깨뜨린다면, 나아가 그 벽을 통과한다면 어떻게 될까?

이 만화 속에서 데드풀은 히어로들이 독자들에게 기쁨을 선사해 주기 위해 고안된 도구라는 점을 불쾌하게 생각한다. 그는 히어로로 존재해야 하는 이 고통스러운 삶에 종지부를 찍고자 한다. 그는 자신이 종속되어 온 마블 유니버스라는 세계에 깊은 환멸을 느끼고, 작가들의 꼭두각시가 아닌 안티 히어로로서의 주체성을 확립하고자 판타스틱 포와 어벤져스 멤버들을 모두 살해한다. 이후 데드풀은 마블 세계에서 벗어나 히어로들을 창조한 작가들이 있는 또 다른 세계를 향해 떠난다. 이로써 그는 제4의 벽을 넘어서 제4의 벽을 만든 근원마저 부수어 버렸다.

영화 『데드풀』 시리즈에서 역시 제4의 벽을 깨고자 하는 시도는 훌륭하게 재현되었다. 틈만 나면 "뮤직 큐!"를 외치거나, 영화 말미에 관객들에게 쓰레기를 치우고 나가라고 발언하는 부분은 만화 속 제4의 벽 타파와 동일한 효과를 자아낸다.

신화적 기원

우리는 앞서 비전이라는 안드로이드에 대해 언급하면서 이미 프로메테우스 신화를 살펴본 바 있다. 그러나 데드풀의 신화적

209

기원을 찾으며 프로메테우스를 다시금 언급하게 된 이유는, 제우스의 형벌로 인해 코카서스산에 묶인 채 고통받는 프로메테우스의 모습 속에 데드풀의 면모가 오버랩되기 때문이다. 프로메테우스가 받게 된 고통은 독수리가 그의 간을 쪼아먹기 때문에 생기는 것이지만, 이보다 더 큰 고통은 이 고통이 끊임없이 지속되어야 한다는 사실에 기인한다. 어떻게 보면 그 고통은 회복능력 때문에 생기는 것이기도 하다. 쪼아먹힌 간이 계속 자라나는 능력은 분명 울버린이나 데드풀의 힐링 팩터 기능을 연상시킨다.

차라리 죽음을 갈구하게 만드는 고통의 주범이 힐링 팩터라는 점은 과연 아이러니이다. 데드풀의 '죽고 싶어도 죽지 못하는 능력' 역시 이 때문이다. 데드풀의 힐링 능력은 재생의 과정을 거치기 때문에 그가 거의 죽음의 상태에서 부활할 때 그의 정신 또한 매번 큰 혼돈을 겪는다. 그의 유난한 농담과 과도한 유머 감각은 고통을 상쇄시키려는 데에서 시작된 것인지도 모른다.

그의 몸에 퍼져있는 암세포는 데드풀의 신체 기능을 약화시키지만, 이와 동시에 힐링 팩터의 효력이 발휘되는 까닭에 암세포와 힐링 팩터는 서로 긴장 관계를 유지하며 공존하는 상태이다. 즉 힐링 팩터가 그의 암세포 확장을 막는 한편, 암세포는 힐

210

링 팩터의 무한정한 활동을 제지하는 역할을 한다. 마치 프로메테우스의 간이 완전한 치유를 바라지만, 독수리라는 암세포가 그의 치유를 원상태로 끊임없이 되돌리는 것과 마찬가지로. 따라서 데드풀도, 프로메테우스도 자신들의 의지에 따라 죽음을 선택할 수 없다는 동일한 운명을 지녔다.

거인족 프로메테우스가 제우스에게 반항함으로써 신들로부터 소외된 것과 마찬가지로, 데드풀 역시 초인적 능력을 지닌 히어로들의 세계에 완전히 동화되지 않는 안티 히어로, 즉 히어로계의 반항인이다. 그는 자신을 포함한 만화 속 모든 히어로들, 모든 빌런들에게 조롱과 야유를 퍼붓는가 하면, 독자들과의 소통을 꾀하며 마블의 세계를 져버리기까지 한다. 이러한 반항인의 면모에 가장 적합한 신화적 기원은 따라서 프로메테우스에게서 찾을 수 있다.

IV

마블이 일군
철학적 생태계

마지막 장에서 우리는 마블학을 정립시키기 위해 반드시 거쳐야 할 철학적 논의들을 제시하게 될 것이다. 이는 첫 장에서 제기되었던 문제들과도 맞물려있다. 우리는 왜 슈퍼 히어로를 필요로 하는가? 왜 그들을 지지하는가? 이에 부응하여 슈퍼 히어로들은 어떤 일을 해야 하는가? 그들은 어떤 정의를 추구해야 하는가?

앞서 고찰한 바 있듯이, 현대의 히어로들은 단순한 선악이원론에 따라 활동하기 힘든 시대에 살고 있다. 선명해 보였던 정의관은 점차 복잡해지고, 선악의 개념은 모호해지며, 하나의 목적으로 뭉쳤던 히어로 집단은 급기야 분열하기에 이른다. DC의 《왓치맨》과 《배트맨: 다크 나이트 리턴즈》에 뒤이어 마블의 히어로들 역시 이러한 철학적 논의의 중심에 섰다는 점은 의의가 있다. 스탠 리에 이어 우리 시대의 작가들은 이러한 세계관을 기반으로 현대 사회를 이끄는 정의에 관한 문제를 제기한다.

특히 이번 장에서 다룰 마블의 철학적 생태계는 바로 이 같은 논의를 가능케 한 만화 《시빌 워》 시리즈에 근거하고 있다. 동명의 영화가 존재하지만, 영웅들 간의 대립과 갈등 상황을 무게감 있게 다룬 쪽은 역시 만화 원작 시리즈일 것이다. 뿐만 아니라 이 만화 시리즈에서는 공통의 사건을 바라보는 영웅들의 각기 다른 입장과 시선이보다 입체적으로 표현되고 있다. 다만 원작 《시빌 워》 이후 너무도 복잡하게 전개되는 세계관 확장으로 인해 철학의 논지를 희석시키지 않는 범위 내에서 보다 보편적인 접근 방식을 선택할 수밖에 없었다. 이러한 이유로 우리는 《시빌 워》에 관한 논의 이후 영화 『어벤져스: 인피니티 워』와 『어벤져스: 엔드게임』을 또 다른 텍스트로 끌어 올 것이다.

1. 만화 《시빌 워》의 쟁점들

시빌 워의 전말

'시빌 워', 즉 영웅들 간의 내전이 일어난 직접적인 원인은 '스탬포드 사건' 때문이었다. 십 대 히어로로 구성된 뉴워리어팀이 리얼리티 TV쇼에 출연하게 되었을 때, 아직 미성숙한 이 히어로들은 보다 극적인 장면을 선보이며 자신들의 영웅적 행위를 과시하려 했다. 뉴워리어팀의 일원인 스피드볼은 생방송 중 빌런들을 제압하는 모습을 보여주자 제안하고, 네이머(DC의 아쿠아맨에 비견될 만한 히어로이며 아틀란티스 왕국의 지도자이다. 서브 마리너라고도 불린다)의 조카 나모리타가 빌런 나이트로와 대적하던 중, 폭발 능력을 지닌 나이트로의 분노를 야기하는 바람에 어린아이들을 비롯한 총 612명의 시민들이 사망하는 참사를 빚는다. 나모리타 자신도 그곳에서 사망한다.

사태가 심각해지자 미국 내에서는 정부가 나서서 슈퍼 히어로들을 정식으로 훈련시키고 통제해야 한다는 여론이 인다. 스탬포드 사건에서 아들을 잃은 한 어머니는 토니 스타크를 찾아와 그를 혹독히 비난하고, 판타스틱 포의 일원인 휴먼토치는 단지 그가 슈퍼 히어로라는 이유로 집단 폭행을 당한다. 스탬포드 사건[59]은 철없는 십 대 히어로들의 영웅주의가 발단이 된 사고였지만, 수많은 사상자를 냄으로써 슈퍼 히어로 전체를 향한 반감으로 확산된다.

이 여파로 미국 정부는 이른바 '초인 등록법'이라는 새로운 법안을 마련한다. 이제부터 슈퍼 히어로들은 자신들의 신분을 밝히고, 정식으로 정부에 귀속된 일종의 공무원의 자격으로 50개 주에 각기 배치되어 정부의 허가 하에 활동해야 한다는 규제령이 만들어진 것이다. 어벤져스의 수장 격인 아이언맨이 이 법안을 지지하며 정부의 편에 선다. 초인 등록법이 통과되자 이

---

59 영화 『시빌 워』에서는 영웅들의 활동 무대였던 '소코비아' 지역에서 발생한 '소코비아 사건'으로 대체된 바 있다. 그리고 그곳에서 있었던 무고한 민간인 피해로 인해 초인 등록법이 발족된 것으로 설정되었다.

법안을 둘러싼 히어로들의 분열이 본격적으로 시작된다. 아이언맨은 동료들에게 정부에 등록되어 활동하길 권하고, 만일 미등록 상태를 고수한다면 범법자로 분류됨을 강조한다. 아이언맨을 아버지처럼 믿고 따르던 스파이더맨은 결국 초인 등록법에 찬성하기로 결정한 후, 가면을 벗고 대중 앞에 선다. 그러나 이로 인해 피터 파커가 치루어야 할 대가는 상당했다. 아이언맨은 미등록 히어로들을 잡아들이기 위해 '초인 통제부대'를 만들어 반대파 히어로들을 압박한다. 한편 초인 등록법에 반대하던 캡틴 아메리카는 반대파 히어로들을 규합해 '시크릿 어벤져스'를 결성하고 아이언맨과 대립각을 세운다.

대립이 격화되던 중 반대파 히어로 골리앗이 살해당한다. 이로써 마블 내 슈퍼 히어로들 간의 분쟁 중 최초로 히어로—비록 복제 토르였지만—가 다른 히어로를 살해한 선례를 남긴다. 이 초유의 사태로 인해 갈등은 고조되고, 아이언맨은 반대편에 선 동료들을 거대한 슈퍼 감옥 '네거티브존'에 감금해 버린다. 한때 동료였던 히어로들은 이 감옥에 수감된 채 고초를 겪는다. 더 나아가 아이언맨은 초인 등록법 반대파를 제거하고자 빌런들을 영입하기까지 한다.

영화 『캡틴 아메리카: 시빌 워』에서도 초인 등록법이 히어로 간의 분열을 야기하는 결정적 계기로 작용하지만, 만화 《시빌 워》 시리즈는 영화보다 복잡한 구성을 갖추고 있다. 그러나 바로 그 때문에 우리는 초인 등록법을 둘러싼 히어로들의 대립에 관해 보다 깊이 숙고해 볼 수 있다.

여기서 가장 문제가 되는 것은 무엇일까? 철없는 히어로들이 빌런을 자극해 시민들을 위태롭게 했다는 데에 있을까? 아니면 정부가 히어로들을 통제한다는 데에 있을까? 그것도 아니라면 시민들이 히어로에게 요구하는 정의가 이전과 달라졌다는 데에 있는 걸까? 이 모든 문제는 결국 초인 등록법의 발효라는 하나의 쟁점으로 귀착된다.

초인 등록법의 의미

초인 등록법이 마블 코믹스에서 처음으로 제기되었던 것은 아니다. 이미 《왓치맨》에서 '킨 법령'이라는 이름으로 등장해 히어로들의 은퇴를 유도한 바 있으며, 《배트맨: 다크 나이트 리턴즈》에서 역시 정부에 귀속되지 않는 히어로를 범법자로 치부해 버리는 여론 조성으로 인해 자경단인 배트맨과 정부 편에서 활동하는 슈퍼맨 간의 대립이 시작되었다. 정의로 뭉쳤던 영웅들 간의 대립 구도는 마블 코믹스의 《시빌 워》 시리즈 속 '초인 등록법'으로 인해 더욱 심화된다. 마블 코믹스는 DC가 제기했던 문제들을 보다 현실적인 무대로 끌어들인다.

초인 등록법을 중심으로 한 갈등은 왜 이토록 심각한 것일까? 왜 히어로들은 이 법안을 목숨을 걸고 지키고자, 혹은 반대하고자 하는 것일까? 앞서 Ⅱ장에서 언급했듯이 이 법안은 곧 히어로의 임무, 그리고 그들의 윤리와 직결되는 문제이기 때문이다. 즉 초인 등록법은 히어로들이 가면을 쓰는 이유와 그들이 비밀 신분을 유지하려는 이유를 위협하는 근원적인 문제이다.

슈퍼 히어로에게 마스크란 그들의 정체성을 뒷받침해 주는 상징적 도구이다. 히어로들은 평상시에는 일반 시민으로 살아가지만 위기가 닥쳐 자신들의 힘이 필요해지면 슈트를 착용한다. 만일 그들의 신분이 노출되면 이중생활도 끝나며, 이로 인한 부작용들이 있을 수 있다. 어딜 가나 인파에 둘러싸여 행동에 제약을 받을 수 있고, 언론에 노출되어 사생활을 침해당하거나, 파파라치들의 좋은 먹잇감이 될 수도 있다. 이러한 상황은 히어로들이 절실히 필요할 때에 방해가 될 뿐만 아니라, 이들을 빌런들의 끊임없는 공격에 노출시키고, 히어로들의 가족, 측근들마저 위험에 처하게 만들 것이다. 이러한 이유로 앞서 슈퍼 히어로들이 가면을 통해 비밀 신분을 유지하는 행위는 윤리적으로 결함이 될 수 없다는 결론에 도달한 바 있었다.

또한 히어로들은 가면을 쓰고 정의를 위해 움직이는 그들의 '자발성'을 보장받아야 한다. 정의 구현을 위한 그들의 자유 의지는 히어로들의 페르소나 못지않은 활동의 원동력이다. 또한 초자연적 능력을 정의로운 일에 쓰고자 하는 이들의 자발성이 슈퍼 히어로의 확고한 윤리관을 증명해 주는 까닭에, 시민들은 이들을 오랜 기간 신뢰할 수 있었다. 그러나 스탬포드 사건 이후로 히어로들을 향한 신뢰에 제동이 걸린다. 자율성을 생명으로 삼고 있던 이 영웅들에게 이제는 정부와 시민들이 족쇄를 채우고자 한다. 초인 등록법이 지닌 문제점이 제기되는 것은 여기서부터이다. 바로 히어로들의 통제권이 히어로들 자신으로부터 발휘되는 것이 아니라 미국 정부로부터 나온다는 데에 있는 것이다.

초인 등록법에 따르면 모든 히어로들의 신분과 정보는 미국 정부에 귀속되고, 그들은 정부에 정식으로 소속된 공무원으로서 철저한 통제하에 정부의 요구나 명령에 따라 움직여야만 한다. 따라서 초인 등록법이 발족된다면 그간 익명으로 활동해 오던 히어로들의 신분이 노출되어야 하고, 이로써 정의를 구현하고자 한 그들의 자유 의지 또한 제재를 받게 될 것이다. 익명성과 활동상의 자유 의지가 보장되지 않는 한 그들은 더 이상 자경단일 수 없으며, 동시에 그들은 더 이상 우리가 신뢰하고 지지했던 슈퍼 히어로들이 아니다.

초인 등록법에 찬성하는 순간부터 그들은 '정부에 예속된 힘센 공무원들', 혹은 '초능력자 경찰'로 전락할 것이다. 그들은 미국 50개 주에 각기 배치되어 정부가 지정해 준 장소에 우선적으로 출동하게 될 것이다. 미국 정부의 군사 작전에 투입될 수도 있고, 어쩌면 정부의 주도하에 민간인을 학살하게 될지도 모른다. 정부 관계자들의 이해관계나 외교적 갈등, 정치적 분쟁에 놀아나는 하수인들로 전락할 위험 또한 배제할 수 없다. 기존에 자경단으로 활동하던 히어로들의 기동력은 당연히 저하되고, 관료주의와 행정주의로 인해 출동 허가가 떨어질 때까지 아무것도 하지 못하고 기다려야 할 것이다. 정말로 도움을 필요로 하는 곳이 아닌 국가가 우선시하는 장소에서, 국가가 우선시하는 인물을 먼저 구하라는 명령을 받을 것이다. 미국에 적대적인 국가를 점령하거나 포격하고자 슈퍼 히어로들을 인간 병기로 활용하지 않으리란 보장도 없다. (《배트맨: 다크 나이트 리턴즈》에서 슈퍼맨이 맡았던 역할을 상기해 보자.) 이에 더하여, 그동안 히어로들이 대적해 왔던 빌런들 외에, 정부가 지정해 주는 새로운 빌런들(이를테면 반정부 세력)에 맞서 싸워야 하는 상황이 도래할 수 있다. 따

221

라서 이 법안은 슈퍼 히어로라는 존재 자체를 부정하고 소멸시키는 모순된 법안이라는 결론에 이른다. 이는 누구에게나 공정하게 적용되어야 할 정의의 본질이 단지 시민들의 안전을 위한다는 미명하에 그보다 하위 개념으로 전락해 버리는 형국이다.

이러한 문제점들을 염두에 둔 채, 만화《시빌 워》에서 초인 등록법에 찬성하는 히어로들과 반대하는 히어로들의 의견에 잠시 귀 기울여 보자.

반대파의 입장에서 제기할 수 있는 주장들을 요약해 보면 다음과 같다.

1. 히어로들이 추구해 온 정의는 인간의 보편적인 정의인 반면, 미국 정부에서 추구하는 정의란 자국의 이익에 도움이 되는 실리적 정의다. 과연 히어로들이 추구하는 정의가 정부가 추구하는 정의와 항상 일치될 수 있을까?

2. 정부라는 통제 기관이 히어로들의 힘을 악용할 가능성은 없는가? 히어로들의 공정한 정의 구현에 정부가 도리어 제동을 걸지는 않을까?

3. 가면을 쓰지 않는 자는 더 이상 히어로가 아니다. 찬성파의 의견은 어떻게 보면 히어로라는 존재 자체에 대한 자기 부정이 된다.

반면, 찬성파에서 제기할 수 있는 주장들은 다음과 같다.

1. 스탬포드 사건의 발단이 되었던 뉴워리어팀처럼 어리고 미숙한 슈퍼 히어로들을 제대로 훈련시킬 필요가 있다. 초인 등록법을 통해 정부 기관은 이러한 히어로들이 스스로의 힘을 통제할 수 있도록 도울 것이다.
2. 어린 히어로들뿐만 아니라 기존에 활동하던 히어로들 역시 통제력을 잃을 위험이 있으므로 정부에 소속하여 활동하는 편이 시민들의 안전을 도모하는 데에 유리하다.
3. 히어로들의 신변 보장이나 정의 실현의 자율성보다 다수인 시민의 안전이 더 중요하다.

양자 간의 입장 차이는 비교적 분명하다. 반대파는 슈퍼 히어로의 본분과 그들이 추구해야 할 정의 구현의 방식 자체를 문제삼는 반면, 찬성파는 시민들의 여론과 안보를 문제 삼는다. 초인 등록법은 결국 '자경단 죽이기' 정책과도 흡사하다. 이로 인해 히어로들은 분열되고 이는 급기야 내전으로 치닫는다. 이 내전이 벌어지지 않았다면 히어로들에 대한 우리의 신뢰를 조금이나마 유지할 수 있었을 것이다. 초인 등록법으로 인해 영웅들이 이룬 그간의 행적은 퇴색되었고, 이들의 과격한 대립은 시민들에게도 큰 충격을 주었다.

이 내전이 남긴 것은 과연 무엇이었을까? 토니 스타크는 스탬포드 사건이 9.11 사건을 뒤잇는 전환기가 될 만한 사건이라 본다. 그는 이 사건을 9.11에 버금가는 국가 안보의 차원에서 해석하고자 한다. 그는 위험에 노출된 채 정의를 구가하느니 차라리 안전한 통제를 받아들이겠다는 대중들의 입장과 영합한다. 물론 토니 스타크의 과거를 되돌아보면 왜 그가 그토록 초인 등록 법안을 지지하는지 이해할 수 있다. 그러나 토니 스타크가 간과하고 있는 중요한 문제가 하나 있다.

그가 알코올 중독 상태에서 범죄를 저지를 위기에 처했을 때, 누가 그를 통제해 주었는지를 그는 확실히 잊고 있다. (취해 있어 기억을 못하는 것인지도 모른다.) 그를 통제해 준 것은 정부 산하의 사회 보호 시설도, 경찰이라는 공권력도 아닌 동료 히어로였다. 토니 스타크는 동료의 조력 덕분에 위기를 모면할 수 있었던 것이다.

자신들이 지닌 힘을 통제하는 능력은 자발성에 기인해야 하며, 동료 간의 우애와 정의에 대한 의지로 무장한 히어로들 스스로의 자각과 절제로 발휘되어야 한다는 것. 어쩌면 바로 이것이 히어로들의 실존을 정당화시켜 주는 유일한 대안이자, 또한 시민들이 진정으로 바라던 방안이었을지도 모른다. 그러나 결국 히어로들은 내전을 일으켰고 시민들은 서로에게 총을 겨누

224

는 또 다른 빌런들의 싸움을 목격하고 말았다. 이 모든 불신과 분쟁을 불러일으킨 초인 등록법은 가면을 벗김으로써 히어로들의 정체성을 손상시킨 것도 모자라, 정의를 향한 그들의 자율적 의지를 억제함으로써 그들을 진정한 영웅에서 소인배로 전락시킨 모순적인 발상에 지나지 않는다. 결국 캡틴 아메리카가 시인한 바와 같이, 시빌 워는 어쩌면 이러한 희생자들을 만들 만큼 가치 있는 일은 아니었을 지도 모른다.

225

2. 《시빌 워》를 바라보는 다양한 관점

《시빌 워: 캡틴 아메리카》 ★

　미국의 건국 이념과 이상을 대표하는 캐릭터인 캡틴 아메리카는 히어로 본연의 임무에 누구보다 충실한 원칙주의자이다. 이런 그가 초인 등록법에 반대하는 것은 너무도 당연하다. 캡틴 아메리카는 이 법안이 "정부의 통제를 지향하는 하나의 행보"가 될 것이라 해석한다. 그에게 있어 이 법안은 히어로들이 지닌 일반 시민으로서의 자유와, 히어로로서의 자발적 정의 구현 모두에 위배되는 불합리한 법안이다. 《시빌 워: 캡틴 아메리카Civil War: Captain America》에서는 그가 자신의 신념을 지키고자 고군분투

하는 모습이 강조된다. 캡틴에게 주어진 과제는 초인 등록법 제정으로 인해 발발한 시빌 워 뿐만이 아니다. 그의 오랜 숙적인 레드 스컬이 테러를 예고한 지 얼마 지나지 않아 스탬포드 사건이 터졌고, 토니 스타크는 리드 리처즈와 네거티브존에 감옥을 건설하기로 결정했다. 캡틴은 반대파를 이끌고 옛 동료들과 싸우는 동시에 레드 스컬의 테러 계획과 히드라의 공격에 동시에 맞서야 하는 이중고를 겪는다.

이 시리즈에서는 본편에서 전부 보여주지 못했던 캡틴의 확고부동한 신념이 한층 부각되고 있다. 계속되는 난관 속에서도 그가 추구하는 바는 미국의 이상 그 자체이지 유동적이고 기회주의적인 미국 정부의 이해관계가 아니다. 캡틴이 지닌 굳건한 정의관은 초인 등록법에 찬성했던 스파이더맨의 마음을 바꾸는 데에 결정적인 역할을 한다. 스파이더맨이 회심하게 되는 이 과정은 《시빌 워: 어메이징 스파이더맨Civil War: Amazing Spider-Man》에서 보다 상세히 묘사된다.

스파이더맨은 캡틴에게 그의 이상과도 같은 조국이 잘못된 길을 가려고 할 때 어떻게 반응할 것인지 묻는다. 이에 캡틴은 어린 시절 마크 트웨인의 책을 읽으며 깨달았던 바를 회상한다. 마크 트웨인은 그에게 스스로의 신념에 위배되는 결정을 내리는 것은 자기 자신과 국가 모두를 배신하는 것이라 가르쳤다.

그의 가르침을 따라 캡틴은 언론이나 정치인, 대중들의 의견과는 상관없이, 승률이나 그것이 가져올 결과에 상관없이, 무엇보다 우리가 믿는 것을 옹호해야 한다는 것을 배웠다. 미국은 이 원칙에 입각해 세워진 국가이다. 캡틴 아메리카는 말한다. "대중과 언론과 전 세계가 자네한테 비키라고 한다면, (⋯) 온 세상에 이렇게 말하는 거야. '싫어. 네가 비켜.'"[60]

《시빌 워: 아이언맨》 ★

캡틴이 미국의 숭고한 이상을 대변한다면, 아이언맨은 미국의 현실적 민낯을 대변한다. 영화에서 그려지는 모습과는 달리 만화《시빌 워》시리즈에서 그는 끊임없는 의혹의 중심에 서 있다. 그는 정부와 결탁하고 초인 등록법을 강경히 밀어붙이면서 찬성파의 수장으로 전면에 나선다. 아이언맨은 히어로들에게 의료 보험과 연금을 제공하는 대가로 그들을 정부에 귀속시키고자 한다. 그는 반대파 히어로들을 하루아침에 범법자로 만들어버렸고, 찬성파와 대적하는 이들을 적으로 삼아 체포 및 구

---

60 마이클 스트라진스키, 론 가니, 《시빌 워: 어메이징 스파이더맨》, 최원서 옮김, 시공사, 2014.

금했다.

아이언맨은 왜 이토록 초인 등록법을 지지하는 것일까?《시빌 워: 아이언맨》편에서 그가 주장하는 바는 꽤 명백해 보인다.

첫째, 자신의 경험으로 인해 히어로들이 스스로를 통제할 수 없는 상황에 대한 두려움을 느낀다는 것.

둘째, 경험이 부족하고 제대로 훈련받지 못한 어린 히어로들에게 자신의 능력을 제대로 사용하는 법을 가르쳐 시민들을 안전하게 지켜야 한다는 것.

그러나 만화에서 보여주는 토니 스타크의 행보는 그야말로 통제 불능이다. 왜 그가 스스로를 그렇게 믿지 못하는지 알 수 있을 만큼 그는 지배욕과 타인을 통제하려는 욕구에 사로잡혀 있다. 더한 문제는 그의 의도를 실행에 옮기는 과정이다. 등록법을 법제화하고 히어로들을 규제하고자 아이언맨이 동원하는 수단들은 너무도 불순하여 결국 그의 의도 자체를 의심하게 만든다. 아이언맨의 자기 합리화에 맞서 캡틴 아메리카는 뉴워리어팀이 폭발을 의도한 것이 아니며, 결국 그 폭발을 일으킨 것은 나이트로였다고 반박한다. 뉴워리어팀은 단지 그들이 출연하는

TV쇼의 시청률을 높이려 했을 뿐이다. 그의 말처럼 어리고 미숙한 뉴워리어팀은 이런 결과를 결코 예상치 못했다. 그러나 좋은 의도가 항상 좋은 결과로 이어지는 것은 아니다. 아이언맨의 불순한 의도가 결국 초인 등록법 통과로 인해 미화되는 것처럼.

어쩌면 토니 스타크의 의도는 뉴워리어팀의 영웅주의보다 더 불순하다. 그는 자신의 비상한 두뇌를 과신해 자신이 제시한 방법이 최선이라고 믿는다. 히어로를 정부에 등록시키겠다는 그의 발상은 어디까지나 '안전지상주의'를 추구하고 있다. 시민들의 안전과 더불어 히어로들의 직업적 안정성을 보장하겠다는 의도이다. 그러나 이처럼 안보만을 지향하는 사회에서 우리는 진정한 정의와 점점 멀어진다. 초인 등록법이 통과됨으로써 히어로들과 시민들이 겪어야 했던 고통, 그리고 이로 인해 새롭게 발발한 사건들의 여파를 상기해 보자. 아이언맨이 그토록 지지했던 초인 등록법으로 인해 시빌 워는 폭력으로 치달았고, 진정한 정의의 수호자는 죽음에 이르렀으며, 동시에 이 땅의 진정한 정의도 숨을 거둔다. 아이언맨은 결코 건너서는 안 될 강을 건너버린 것이다.

내전을 통해 드러나는 토니 스타크의 저의는 다음에 이어질 다른 히어로들의 이야기들을 통해 점차 선명하게 드러난다. 마블 코믹스《시빌 워》시리즈의 독자성은 여기에 있다. 각자의 시점으로 서술된 이 시리즈는 화자인 히어로들이 내전을 바라보는 입장과 활동에 초점이 맞추어져 있기 때문에, 정작 그들이 스스로 밝히지 않은 부분에 대해서는 철저히 은폐되어 있다. 따라서 독자들은 그들 각자의 이야기를 통해 다른 히어로들의 실체에도 다가서게 된다. 그러므로 모든 히어로의 의도를 종합적으로 파악하기 위해서는《시빌 워》시리즈를 완독할 필요가 있다. 영화와는 달리, 이러한 흥미로운 구성을 지닌 만화《시빌 워》시리즈를 읽다보면, 초인 등록법과 관계된 모든 의혹은 토니 스타크를 가리키고 있다. 지금껏 우리가 살펴본 바에 따르면, 영화 속 아이언맨과 만화 속 아이언맨은 전혀 다른 캐릭터로 보인다. 그러니 부디 아이언맨을 비난하는 이들을 너무 미워하지 마시길. 어쩌면 그들은 마블 코믹스의 골수팬일 가능성이 있으니까.

《시빌 워: 어메이징 스파이더맨》 ★

초인 등록법 통과 이후 가장 모진 시련을 겪은 히어로는 아마도 스파이더맨 피터 파커일 것이다. 그는 이 법안의 발족 이후 매스컴을 통해 두 차례의 기습적인 폭로를 감행한다. 첫 번째는 아이언맨을 따라 찬성파에 서기로 하며 대중 앞에서 자신의 가면을 벗어버렸을 때다. 이 충격적인 폭로로 말미암아 피터 파커는 고난에 휩쓸리게 된다. 그러나 반대파 히어로들이 정당한 절차 없이 네거티브존에 영원히 감금될 수도 있다는 끔찍한 사실을 알게 되고 캡틴 아메리카의 굳은 신념과 마주한 후, 그는 뉴스 보도 시간을 통해 네거티브존에 대해 폭로한다. 이 두 번째 폭로와 더불어 그는 과거 자신의 선택이 잘못되었음을 시인하며 초인 등록법에 대한 지지를 철회한다.

스파이더맨 역시 미숙한 십 대 시절에 히어로로 데뷔했고 무수한 시행착오를 거치며 어벤져스의 일원으로 성장했다. 《시빌워: 어메이징 스파이더맨》편에서 그는 젊은 히어로답게 초인 등록법에 맞서 유연한 태도를 취한다. 이후 자신에게 닥칠 난관은 미리 계산하지 않은 채 순수한 이상을 따른 것이다. 그가 아이언맨과 맺어왔던 각별한 관계로부터 벗어나 비로소 히어로의 진정한 임무에 충실하게 되는 것은 새로운 멘토인 캡틴 아메리카에게 이끌리면서부터다. 그 또한 캡틴의 신념을 따라, 안전하게 사는 일보다 목숨을 걸어 지켜야 할 가치를 수호하고자 한다. 영화 『시빌 워』에서는 다루어지지 않았던 피터 파커의 행적은 이후 다른 히어로들의 전향에도 영향을 끼친다. 이 여파는 피터 파커의 개인사에도 씻을 수 없는 상처를 남긴다.

《시빌 워: 울버린》 ★

《시빌 워: 울버린Civil War: Wolverine》편의 출현은 다소 의외라는 인상을 주지만, 이 작품은 울버린식의 정의 구현이 보여주는 순수성으로 인해 매력적이다. 이 작품 속에서 그는 자신을 다음과 같이 소개한다. "사람들은 나를 울버린이라 부른다. 나는 내 분야에 있어서만큼은 최고의 실력자다." 그러나 그가 최고의 실력을 자랑하던 그 일은 초인 등록법으로 인해 불법이 되어 버렸다. 그럼에도 불구하고 자신의 활동이 합법이냐 불법이냐의 문제에 큰 의미를 두지 않는 그의 태도는 어쩌면 뮤턴트 히어로들 전체의 입장을 대변한다고도 볼 수 있다. 뮤턴트들은 태어나는 순간부터 특별한 능력을 타고나 인간들에게 배척당하는 존재인 동시에 그 능력으로 말미암아 히어로에 준하는 존재들이다. 따라서 뮤턴트 히어로들은 다른 마블의 히어로들처럼 존중받지는 못하지만 그럼에도 불구하고 인간들의 편에서 싸운다. 뮤턴트 히어로로서 지닌 피해 의식 때문인지 엑스맨측은 초인 등록법으로 인해 찬반 진영으로 나뉜 히어로들 사이에서 중립 의사를 표

233

명했다. 그들은 이미 추방, 억압, 차별을 충분히 경험한 자들이었기 때문이다.

하지만 토니 스타크는 198명의 뮤턴트들을 초인으로 등록해 버렸고, 울버린의 자경단 활동 역시 정부의 허가 없이는 불법 행위가 되어버렸다. 그러나 울버린은 개의치 않고 자신이 해야 할 일을 한다. 어쩌면 그는 시빌 워 와중에도 자신이 할 일이 무엇인지 직시하고 있는 유일한 히어로이다.

그가 천착하는 문제는 초인 등록법의 부당함이나 그에 관한 찬반론이 아니다. 울버린은 가장 본질적인 사건의 시발점이 되었던 스탬포드 폭발 사고로부터 시작한다. 스탬포드 사건의 범인은 빌런을 도발한 뉴워리어팀이 아니라, 폭발 능력을 이용해 시민들을 살해한 빌런 나이트로다. 대체 왜 누구도 여기서부터 시작하지 않았는지 의문이지만, 울버린은 어린아이들 60명을 비롯해 600명이 넘는 시민들을 희생시킨 빌런 나이트로에게 '직접' 복수하고자 한다. 또한 나이트로를 추적하는 과정에서 울버린은 이 사건의 배후에 청소 및 위기 관리 회사 데미지 컨트롤이 연루되어 있음을 알게 된다.

초인 등록법이 야기한 시빌 워로 인해 시민들은 자신들이 그토록 갈구하던 안전으로부터 더욱 멀어졌다. 울버린의 생각과 마찬가지로, 스탬포드 사건 이후 가장 중요한 문제는 슈퍼 히어로들을 관리하기 위한 체제를 갖추기에 앞서, 시민들을 희생시킨 장본인인 빌런 나이트로를 처벌하는 일이 아니었을까? 우리가 바라던 자경단의 역할이란 바로 이런 것이 아니던가? 만일 히어로들과 언론이 이 일에 먼저 집중했다면, 그 과정에서 시민들은 자연히 데미지 컨트롤의 존재와 만행에 대해 알게 되었을 것이다. 상황이 이렇게 전개되었다면, 초인 등록법은 잠시 논의에서 밀려났을 수도 있고, 시빌 워는 아예 발생하지 않았을지도 모른다. 어쩌면 가장 원칙적인 정의를 저버림으로써 히어로들과 시민들 간의 골은 깊어졌고, 마침내 정의 대신 안보를 선택한 그들의 결정 역시 별다른 성과 없이 종결되었다. 이로써 그들은 정의와 안보 모두를 놓쳐 버렸다. 우리에게 이점을 깨닫게 해 준 히어로는 단연 울버린이다. 이로써 울버린은 과연 자신이 자부하듯, 이 분야에서 최고의 실력자임을 스스로 증명했다.

《시빌 워: 프론트 라인》 ★

시빌 워에 직접적으로 개입한 영웅들의 시선과 달리, 히어로들을 밀착 취재하는 전문 기자들의 시선에서 이 사건을 그려내고 있는 《시빌 워: 프론트 라인Civil War: Front Line》편은 상당히 독자적인 그래픽 노블이다. 그들은 히어로 전문 취재 기자들이기에 앞서 시민이기에 히어로와 대중의 중간자적 입장에 놓여있다. 《시빌 워: 프론트 라인》의 스토리는 스탬포드 사건 현장 취재 중 목숨을 잃은 카메라맨 존 페르난데즈의 추도식 장면을 시작으로, 여기에 참석한 기자들의 관점에서 전개된다.

《시빌 워: 프론트 라인》편의 두 주인공은 보수 언론을 대표하는 〈데일리 뷰글〉의 베테랑 기자 벤 유릭과 진보적인 언론사 〈얼터너티브〉의 기자 샐리 플로이드이다. 이들은 언론인으로서의 사명감이 투철한 기자들로, 비록 정치적 성향이 다른 언론사에 근무하고 있으나 서로 친분이 있다. 사실 벤 유릭은 초인 등록법에 반대하는 입장이지만 보수 언론 〈데일리 뷰글〉의 신문 판매 부수를 높이기 위해 처음부터 찬성파 프레임을 짜고 취재를 시작한다.

반면 샐리 플로이드는 시빌 워가 자유 대 안보의 싸움이라는 논지 하에 초인 등록법의 부당함을 밝히고자 한다. 이들은 초인 등록법으로 인해 찬반 진영으로 분열된 히어로들을 현장에서 목격하며 점차 사건의 중심부로 파고든다.

《시빌 워: 프론트 라인》에서 보여지는 보수 언론의 노련한 기자 벤 유릭과 젊은 진보주의자 샐리 플로이드의 공조는 우리로 하여금 정의의 본질에 관해 숙고하게 한다. 공정하고 정의로운 언론인들이 시빌 워의 결말을 집요하게 파헤치는 과정을 통해 독자들은 언론의 역할을 새삼 실감하게 된다. 《시빌 워: 프론트 라인》편은 히어로의 윤리와 이를 취재해 전달하는 언론인의 윤리를 균형 있게 통찰하는 작품이다. 이로써 히어로들 간의 대립으로 인해 일부 퇴색된 정의를 벤과 샐리가 되돌려 놓는다.

이 밖에도 이 시리즈는 실제로 우리가 거쳐온 역사와 히어로들의 대립과 갈등, 내전이라는 주제를 적절한 시점에서 오버랩시키며, 역사적 상황은 언제든 반복되는 것임을 암시한다. 그럼으로써 이 책에서 다루는 히어로들의 전쟁이 그저 허무맹랑한 상상 속의 이야기가 아니라 지극히 현실적인 문제임을, 또한 이미 우리가 거쳐 온 역사—여기에는 히어로들의 존재 가치와 그들의 역사 또한 포함된다— 속에서 반복되어 온 정의에 대한 문제 제기임을 상기시킨다.

상술한 특징들 외에도 여기에서 언급한 총 다섯 편의 《시빌 워》 시리즈는 《왓치맨》과 《배트맨: 다크 나이트 리턴즈》에서 제기되었던 문제의식을 곳곳에 배치시키며 보다 현대적이고 세련

된 스토리로 거듭났다. 또한 스탠 리가 구축해 온 신화적 캐릭
터들에 뒤이어 이후의 세대가 성장시킨 마블의 청사진을 보여
준다는 점에서 이 장의 주된 텍스트로 삼기에 손색이 없는 작품
이다. 다만 우리에게는 이 텍스트들로부터 끌어낼 철학적 담론
들이 아직 남아있다. 바로 우리 사회의 정의 구현을 위해 자주
언급되는 두 모델인 공리주의와 원칙주의에 관한 논의다. 나아
가 이 두 모델은 앞서 언급했듯이 아이언맨과 캡틴 아메리카 간
의 입장 차이를 설명해 줄 만한 훌륭한 예시가 되기도 한다.

3. 공리주의 대 원칙주의

우리는 왜 슈퍼 히어로를 지지하는가? 정의가 파괴되었다는 데에 대한 패배감으로 대중은 히어로를 찾는다. 그들에게 있어 정의란 공명정대한 것이다. 악한 이들이 선한 이들을 괴롭히며 사는 것은 옳지 않다. 악한은 적법한 처벌을 받아야 하고, 선한 자들은 억울한 처벌을 받지 않아야 한다. 이처럼 너무도 당연하고 기본적인 윤리가 현실 사회에서는 지켜지지 않는다. 법은 늘 권력과 재력을 가진 자들의 편이다. 그들은 모두에게 공정해야 하는 법을 자유자재로 편의에 따라 바꾸고 오용한다. 따라서 힘없고 가난한 자들은 그들을 평생 응징할 수 없다. 가진 것 없는 자들에게는 자연재해조차 극복할 수 없는 재난이다. 재난을 피할 수 있도록 미리 대비할 수 있는 이들 역시 가진 자들뿐이다.

슈퍼 히어로라는 존재는 이 도식을 과감히 깨부순다. 그들에게 있어서 가진 자와 없는 자 간의 구분은 무의미하다. 그들은 당장 위급한 사람들을 구하고 본다. 사회적 약자라고 해서 한없이 기다릴 필요가 없다. 만일 슈퍼 히어로가 우리 근처에 있다면, 그들은 피해자인 우리가 어떤 사람이건 간에 즉각적으로 목숨을 구해줄 것이고, 우리를 해한 사람이 어떤 지위에 있던 반드시 처벌받게 해 줄 것이다. 그들은 만인에게 공정한 판관이다. 우리가 슈퍼 히어로를 찾는 것은 바로 이런 이유에서이다.

240　　그러나 이러한 훌륭한 판관을 곁에 두기 위해서는 하나의 조건이 있다. 그들이 어떤 기관이나 누군가에게 귀속되어서는 안 된다는 점이다. 그들은 어디까지나 '자경단'이어야만 한다. 슈퍼 히어로가 등장하게 된 근본적인 이유에 대해 생각해 보자. 그것은 정부가 지휘하는 공권력이 제때에 힘을 발휘하지 못했기 때문이다. 경찰이나 검찰이라는 공권력은 어쩔 수 없이 정부의 통제를 받을 수밖에 없기에, 만일 부패한 권력이라면 대중들의 안전이나 권익보다는 자신들의 사리사욕을 차리기에 급급할 것이다. 그러므로 정부나 공권력의 무능함으로 인해 활동하게 된 히어로들이 다시금 그러한 권력 기관 내에 종속되어야 한다는 것

자체가 모순이다. 슈퍼 히어로들은 공권력에 대한 불신으로 인해 활동을 시작했기에 공권력에 봉사할 수 없다. 따라서 히어로들에게는 그들의 확고한 윤리관을 실행할 자유와, 그들의 윤리관을 믿어 의심치 않는 대중의 신뢰가 필요하다.

하지만 경찰이나 검찰이 부패할 수 있듯이, 그들 역시 대중을 져버릴 수 있고, 대중들 역시 그럴 수 있다. 히어로가 대중의 신변과 직결되는 선행으로 그들에게 이익을 선사했다면 그들은 영원히 히어로들을 예찬할 것이다. 하지만 정의를 구현하는 과정에서 생기는 부작용은 대중들의 마음을 한순간에 되돌린다. 슈퍼 히어로들이 악한을 상대로 싸우는 와중에 나의 사유 재산이 파괴되었거나, 사랑하는 나의 가족이 상해를 입었다면 그들은 히어로가 어떤 선행을 했든 적으로 삼을 것이다. 또한 슈퍼 히어로의 정의도 공권력이 행하는 악행과 다를 바 없다고 생각할 것이다. 슈퍼 히어로는 무조건적으로 환대받던 존재에서 비난의 대상으로 전락해 버린다. 히어로들의 진정한 의도와 행위는 그때부터 빌런 이상의 증오를 받기에 이른다. 이러한 상황에서 히어로들이 이룩한 그간의 행적이나 기여도는 반감되고, 그들은 여론의 원성에 시달린다. 대중은 그들이 정식으로 정부 기관에 예속되어 정의 실현에 있어 일종의 통제와 검증 과정을 거치기를 원한다. 대중은 변했다. 초인 등록법의 발족 자체가 이를 뒷받침해 주는 증거이다.

앞서 우리는 초인 등록법에 대한 다각적인 시점을 통하여 사건의 전말을 파헤친 바 있으므로, 이를 토대로 하게 될 앞으로의 철학적 논의 또한 보다 수월해질 듯하다. 따라서 이제는 우리 역시 대중으로서의 입장을 정리할 시점에 이르렀다. 만일 여러분이라면 초인 등록법을 지지할 것인가 반대할 것인가? 물론 실제로 이런 상황이 벌어지지는 않을 것이다. 아직까지 우리 주변에는 슈퍼 히어로도 초인 등록법도 실재하지 않는다. 그러나 마이클 샌델Michael J. Sandel의 언급처럼, 이러한 가상의 도덕적 딜레마를 발동시킴으로써 우리는 개인의 삶이나 공적 영역에서 어떤 방식으로 도덕적 주장을 펼쳐야 하는지, 나아가 어떤 도덕적 입장을 선택해야 하는지 생각해 볼 수 있다.[61]

초인 등록법에 대한 찬반 간의 대립을 통해 우리는 철학의 출발점에 서게 된다. 이것은 곧 정의에 관한 문제와 직결되기 때문이다. 마이클 샌델은 자신의 저서 《정의란 무엇인가Justice: What's the Right Thing》에서 정의를 이해하는 두 가지 상반된 시각에 대해 언급한다. 하나는 어떤 행위의 도덕성은 전적으로 그것이

---

61   마이클 샌델, 《정의란 무엇인가》, 이창신 옮김, 김영사, 2010, p.44.

초래하는 결과에 달렸다는 시각이다. 즉 모든 것을 고려해 최선의 상황을 도출하는 행위가 옳다는 공리주의적 입장이다. 다른 하나는 도덕적으로 볼 때 결과가 전부는 아니라는 시각이다. 만약 그 동기가 순수하고 참되다면 결과를 떠나 그 점을 존중해야 한다는 원칙주의적 입장이다.[62] 그리고 시빌 워의 원인이 되었던 초인 등록법은 이 두 입장의 대립을 누구보다 잘 보여주는 훌륭한 예로 활용될 수 있다.

공리주의는 영국의 철학자이자 법 개혁가인 제러미 벤담 Jeremy Bentham이 주창한 이론으로, 도덕의 최고 원칙은 행복을 극대화하는 것, 즉 쾌락이 고통을 넘어서도록 해 전반적으로 조화를 이루는 것이라는 주장이다. 그에 따르면 옳은 행위는 '공리(유용성)'를 극대화하는 모든 행위이다. 이 원칙은 개인뿐만 아니라 입법자에게도 해당되므로 정부는 법과 정책을 만들 때 공동체 전체의 행복을 극대화하는 일은 무엇이든지 해야 한다.[63] 따라서 초인 등록법은 전적으로 공리주의적 입장에서 제기된 것이다. 스탬포드 사건은 어린 슈퍼 히어로들의 실책으로 인한 불

243

---

62 *Ibid.*, p.54.

63 *Ibid.*, p.55.

의의 사고였음에도 불구하고, 대중과 여론은 슈퍼 히어로들을 질책한다. 스탬포드 사건의 주범은 어디까지나 빌런인 나이트 로였다. 하지만 대중과 여론은 빌런의 악행보다는 도리어 히어로들의 활동 자체를 문제 삼기 시작한다. 초인 등록법에 찬성하는 이러한 주장은 곧 슈퍼 히어로들의 임무와 가치 자체를 부정하는 것임을 앞서 설명한 바 있다.

이 법안이 호소력은 갖게 된 것은 일종의 '공리' 때문이다. 대중들이 히어로의 완고한 원칙주의를 받아들일 수 있었던 것은 그들이 시민들에게 해가 되지 않는 한에서였다. 대중은 그간 공정한 정의를 시행했던 슈퍼 히어로들의 자발적 활동 대신 '안전'이라는 공리의 편을 든다. 그리고 그 중심에는 미국 정부와 초인 등록법 찬성파 히어로들이 자리하고 있다.

이 같은 공리주의적 입장에는 다음과 같은 윤리적 약점이 존재한다. 첫째는 공리주의를 지향하는 경우, 오직 그 결과에만 관심을 두는 까닭에 개인의 권리가 존중받지 못할 우려가 있다는 점이다.[64] 이러한 약점은 초인 등록법의 발족 이후 생겨난 부작용들로 충분히 설명된다. 시민들의 안전이라는 공익에 부합하

---

64 *Ibid.*, p.58.

고자 일부 히어로들은 가면을 벗고 정부에 예속된다. 스파이더맨이 가면을 벗으면서 겪은 고충은 더 이상 상기할 필요가 없을 것이다. 아이언맨은 초인 등록법 찬성이라는 공리주의적 입장을 취함으로써 그간 지켜온 슈퍼 히어로로서의 윤리와 자율성을 스스로 부인하는 셈이 되었다. 그도 그럴 것이, 초인 등록법을 지지하는 리드 리처즈와 아이언맨은 애초부터 자신의 신분을 공개하고 활동한 몇 안되는 히어로에 속한다. 그런 이유에서인지 아이언맨은 가면의 의미를 절실히 이해하지 못하고 있다. 아이언맨은 막대한 부와 권력을 가진 까닭에 신분이 노출된 이후에도 큰 피해가 없었다. 그러나 대부분의 히어로들은 스파이더맨이나 데어데블처럼 가난하며, 가족들의 안전과 생업을 유지하기 위해 반드시 비밀 신분을 지켜야 하는 거리의 히어로들이다. 따라서 초인 등록법은 히어로 개개인의 자유와 권리를 침해한다는 공리주의의 첫 번째 약점을 증명해 준다.

공리주의의 두 번째 약점은 도덕적 행위를 판단할 때 모든 가치를 쾌락과 고통이라는 하나의 저울로 측정하는 오류를 범하고 있다는 점이다.[65] 슈퍼 히어로들이 정의를 구현하는 과정에서 발생할 수 있는 착오나 피해가 분명 있을 수 있다. 스탬포

---

65 *Ibid*, p.73.

드 사건도 마찬가지이다. 히어로들이 실책을 범하거나, 결과가 참담했다고 해서 그들의 의도가 실패나 악행으로만 점철될 수 있는 것은 아니다. 또한 시민들에게 만족스러운 결과를 가져다주었다고 해서 그것이 곧 정의인 것도 아니다. 공리주의는 '최대 다수의 최대 행복'이라는 슬로건 아래 쾌락이나 이득을 행복과 동일시하며, 선한 행위에도 고통이 따를 수 있다는 점을 간과한다. 도덕적 가치는 결코 하나의 통화로 파악될 수 없다. 이로써 초인 등록법은 공리주의의 두 번째 약점 또한 충족시킨다.

물론 초인 등록법 반대파 히어로들은 공리주의와는 상반된 입장을 고수한다. 그들은 자유와 보편적인 인권을 믿는다. 캡틴 아메리카를 필두로 한 그들의 입장은 칸트의 원칙주의에 가깝다. 칸트의 철학은 벤담의 공리주의에 대해 비판적이다. 칸트에게 있어 도덕이란 공리주의에서 이야기하는 '행복의 극대화'를 비롯한 어떤 목적과도 무관한 것이다. 단지 많은 사람들에게 쾌락 혹은 이득을 준다고 해서 그것이 반드시 옳은 일은 아닐 것이다. 다수가 특정법을 지지한다고 해서 그 법이 정당하다고 할 수도 없다.[66] 이보다는 인간 자체를 목적으로 여기고 존중하는

---

66 *Ibid.*, p.151.

편이 더욱 바람직하다.

칸트에게 있어 인간의 존엄성을 존중한다는 것은 인간을 목적으로 취급한다는 뜻이다. 공리주의에서 그러하듯 인간을 전체의 행복을 위한 도구로 보는 것은 잘못이다.[67] 이것이 바로 칸트가 말하는 '정언명령'이다. 칸트식의 정언명령은 일종의 도덕적 강령과 같다. 행동의 근거가 되는 원칙에 따라 행동하되, 그것이 보편적으로 받아들여지는 준칙이어야 한다는 것이다. 칸트는 말한다. "마치 너의 행위의 준칙이 너의 의지에 의해 보편적 자연 법칙이 되어야 하는 것처럼 행위하라."[68] 이것은 곧 누구에게나 적용될 만한 보편타당한 규칙과도 같다. 이 규칙은 다시금 인간을 수단이 아닌 목적으로 대해야 한다는 칸트의 또 다른 강령, 즉 "네가 너 자신의 인격에서나 다른 모든 사람의 인격에서 인간(성)을 항상 동시에 목적으로 대하고, 결코 한낱 수단으로 대하지 않도록, 그렇게 행위하라"[69]는 실천명령으로 이어진다.

물론 히어로들 역시 부패할 수 있다. 누가 감히 그에 대한 가

---

67 *Ibid.*, p.157.

68 임마누엘 칸트, 《윤리형이상학 정초》, 백종현 옮김, 아카넷, 2018, p.165(IV421/B52).

69 *Ibid.*, pp.176~177(B66/IV429~B67).

능성을 배제할 수 있겠는가? 그러나 우리는 부패한 이를 더 이상 히어로라 부르지 않는다. 그때부터 그들은 빌런이다. 따라서 아이언맨이 초인 등록법 반대파들을 척결하기 위해 빌런들로 구성된 썬더볼츠팀을 꾸리는 것은 히어로의 본분을 망각한 행위이다. 또 다른 빌런들이 캡틴 아메리카에게 반대파에서도 빌런을 영입해 맞서자는 의견을 제시했을 때 캡틴 아메리카는 이 발언을 묵살한다. 이것이 바로 히어로들의 소명에 대한 캡틴 아메리카의 입장이다. 캡틴 아메리카는 결과보다는 의도와 과정을 중시하는 전형적인 원칙주의자이다.

<u>248</u>　　이런 맥락에서, 슈퍼 히어로들은 근본적으로 공리주의적 사고방식과는 거리가 있다.[70] 그들은 단 하나의 무고한 이도 다쳐서는 안 된다는 정언명령을 실행한다. 그들은 무엇보다 개개인의 가치에 역점을 둔다. 슈퍼 히어로들이 결코 공리주의자가 될 수 없는 이유는 더 있다. 이 또한 칸트의 사상을 따른다. 히어로 활동의 가치는 그들의 선한 동기에서 온다. 그들은 타인에게 인정받기 위해서가 아니라, 철저히 자발적인 동기, 즉 올바른 정의를 실현하고자 하는 의무감으로 선을 행한다. 그렇지 않다면 왜

70　마크 웨이드 외, *op. cit.*, p.128.

그들이 귀게스와 같이 자신의 위력을 마음대로 사용하지 않겠는가? 그들의 순수한 의무감은 인간 자체를 존중하는 정언명령에 부합하며, 특정한 이익을 목적으로 두지 않은 까닭에 자유롭다.

칸트에게 있어 자유롭게 행동한다는 것은 스스로 부여한 법칙에 따라 자율적으로 행동한다는 것을 의미한다. 이는 곧 정언명령에 따라 도덕적으로 행동한다는 것이다. 이때의 자율성이란 자신의 이익을 위한 특정 목적이나 결과로부터 자유롭다는 것이다. 무엇인가를 얻고자 하는 목적에서 자유롭다면 이성적 인간의 행위에는 오로지 근본적 윤리만이 남는다. 행동에 대한 결과를 기대하기보다 올바른 자신의 의지를 따를 때 인간은 자유로우며 비로소 선을 행할 수 있다. 이처럼 최고선은 오로지 이성적 존재의 의지에 따라야 가능하다. 그리고 최고선에 속하는 정의 또한 이성적 의지에 따른 행위의 자발성에 기인한다. 이러한 주장은 앞서 '귀게스의 반지'를 둘러싼 논의에서 제기된 소크라테스의 윤리관과도 부합한다.

슈퍼 히어로들에게 자율권이 보장되어야 하는 것은 바로 이런 이유 때문이다. 캡틴 아메리카를 대표로 하는 반대파가 지향하는 것 역시 정언명령에 따른 자율권이다. 반면 미국 정부와 아이언맨은 공리주의적 관점을 고수하며 이러한 정언명령을 간과하고 있다. 캡틴 아메리카는 원칙을 외면하는 현대 사회의 병

폐를 꼬집으며 아이언맨에게 이 점을 상기시킨다. "(…) 그 모든 망할 심리학적 말장난들. **옳은 건 옳은거야.** 만약 무언가를 믿는다면 그것을 옹호해야 돼."[71]

우리의 논의는 다음의 도표로 요약될 수 있다. 논의에 일관성을 기하고자 우리가 앞서 언급했던 DC 코믹스 속 영웅들의 노선과도 비교해 보자.

공리주의	원칙주의
아이언맨	캡틴 아메리카
초인 등록법 찬성	초인 등록법 반대
안보 (안전한 통제)	자유 (자유에 기반한 정의 구현)
미국의 현실	미국의 이상
오지맨디아스	로어셰크
슈퍼맨	배트맨

이 도표가 보여주듯, 초인 등록법을 둘러싼 찬반의 문제는 결

---

71 브라이언 마이크 벤디스, 알렉스 말리에브 외, 《시빌 위: 아이언맨》, 최원서 옮김, 시공사, 2015.

국 그 법안 자체에 대한 선호도 이상의 윤리적 의미를 지닌다. 시빌 워는 히어로들의 원칙주의적 윤리가 미국 정부와 대중들의 공리주의와 충돌하여 생기는 오류와 부작용에 대해 경고한다. 그러나 마이클 샌델이 언급한 바와 마찬가지로, 적법한 정의란 분명 존재하며 결코 판타지 세계에서만 있는 일은 아니다. 다만 이 적법한 정의를 실현하는 과정에서 중요한 것은 우리가 슈퍼 히어로들이 지닌 확고한 정의관을 얼마나 신뢰하는가이다. 비록 그 결과가 전혀 예상 밖의 것이 된다 하더라도. 이들에 대한 믿음은 곧 정의 자체에 대한 믿음과도 같기 때문이다.

비록 정부나 기관은 이해관계로부터 완전히 도덕적일 수 없을지라도, 히어로 각각은 자신이 추구하는 정의에 대한 신념과 시민을 보호해야 한다는 의무감, 다시 말해 도덕감을 가진다. 또한 이 도덕감, 혹은 양심에 입각해 시민들의 시선이라는 통제 수단을 동시에 가동시킨다. 따라서 어딘가에 귀속되기보다는 서로를 부단히 견제하며 독립적으로 활동하는 편이 보편적 정의를 추구하는 데에 도움이 될 것이다. 인간 본연의 정의는 정부라는 통제 기관의 정의와 분명 상충한다. 히어로들의 정의관이 인간적 정의관에 더욱 가깝다는 의견은 타당하다. 정부나 기관이 따르는 윤리는 때로 인간 본성이 추구하는 윤리와는 다르다. 대부분 공리를 목표로 삼기 때문이다. 게다가 권력 기관은 자신들에게 대적하는 정의를 교묘한 술수(언론 등)로 부당하다 왜곡하는 경향이 있다. 상황이 이러한 만큼 정부의 윤리보다는 히어로들의 윤리를 신뢰하는 편이 낫지 않겠는가?

슈퍼 히어로들의 윤리를 신뢰하기로 결정했다면 적어도 그들이 초래한 예기치 못한 불운 또한 감내해야 할 것이다. 때로는 그것이 공리주의를 벗어날지라도. 아리스토텔레스Aristoteles는 《니코마코스 윤리학Ethika Nikomacheia》에서 어떤 행위가 옳은지 그른지는 그 행위가 자발적인가 비자발적인가에 따라 결정된다고 가르친다. 비자발적인 행위 중 더러는 용서받을 수 있고, 더러는 용서받을 수 없다. 무지로 인한 과오는 용서받을 수 있다. 반면 인간 본성에 위배되는 비인간적인 감정으로 인한 과오라면 용서받을 수 없다. 즉, 누군가 의도적으로 남에게 해악을 끼친다면 그는 불의를 행하는 것이다. 마찬가지로 누군가가 합리적인 선택에 의해 정의로운 행동을 한다면 그는 옳다. 그러나 이 행동은 어디까지나 자발적이어야 한다.[72] 일례로, 의도치 않게 실책을 범한 히어로의 죄책감과 고뇌는 《시빌 워: 프론트 라인》에서 스탬포드 사건의 중심에 있던 스피드볼의 스토리를 통해 독자

72 아리스토텔레스, 《니코마코스 윤리학》, 천병희 옮김, 숲, 2014, pp.202-205 참고.

들의 공감을 자아낸다.[73] 그가 일명 '속죄의 페넌스'라는 영웅으로 재탄생할 때, 우리는 히어로 활동에 대한 통제가 그들을 합법화하는 것이 아니라, 그들이 스스로의 양심을 저버리지 않을 때 합법화됨을 깨닫는다.

어쩌면 그들의 모든 행위는 이미 처음부터 범죄자의 그것으로 비춰질지도 모른다. 슈퍼 히어로란 애초부터 공권력에 속하지 않는 자경단의 자격으로 정의를 실행하는 이들이기 때문이다. 그럼에도 불구하고 슈퍼 히어로라는 존재에 대한 믿음은 곧 정의에 대한 믿음이다. 히어로에 대한 신뢰는 인간의 정의 자체, 나아가 정의의 실현 가능성에 대한 믿음이다. 그들에 대한 믿음은 우리가 참된 정의를 지지하고자 하는 인간이라는 점을 상기시킨다. 이에 대한 믿음이 사라지지 않는 한 우리는 현실을 보다 정의롭게 만들 수 있다.

---

73 《시빌 워: 프론트 라인》편에서는 젊은 히어로 스피드볼에 관한 스토리 라인 역시 중요하다. 그는 스탬포드 사건을 발발하게 한 장본인이지만, 그의 의도 자체가 시민들을 해롭게 하고자 한 것은 아니었다. 그럼에도 불구하고 결과적으로 끊임없이 심판대에 서야했고, 초인 등록법에 반대한다는 이유로 수감되기까지 한다. 그러나 자신의 힘을 통제하지 못한 또 다른 상황에 직면한 후 결국 초인 등록법에 서명했고, 이전의 슈트를 태워버린 뒤, 입을 때마다 고통을 느끼도록 제작된 새로운 코스튬을 입은 채 '속죄의 페넌스'라는 이름의 영웅으로 새롭게 태어난다. 여기 등장한 스피드볼의 이야기는 본의 아니게 시민들의 가해자가 된 히어로의 고통과 죄책감, 그리고 자신의 의도를 관철시키는 과정에서 압박을 받는 피해자로서의 히어로의 입장을 대변한다는 점에서 의미심장하다.

4. '시빌 워'에서 '인피니티 워'로

만화 시리즈에 뒤이어 이 장에서 우리가 취할 텍스트는 두 편의 영화 『어벤져스: 인피니티 워』와 『어벤져스: 엔드게임』이다. 이 두 편의 영화 역시 《인피티니 건틀렛Infinity Gauntlet》과 《타노스 라이징Thanos Rising》이라는 원작 만화에 빚지고 있으나, 만화 《인피티니 건틀렛》이 《시빌 워》 이전에 출간된 작품이라는 사실로 미루어 영화와 만화 간에는 스토리상의 변화뿐만 아니라 시대적 간극이라는 차이가 존재한다. 따라서 마지막 장에서는 보다 대중적인 영화 시리즈를 주된 텍스트로 삼아 남아있는 논의를 마무리해 보고자 한다. 마블학의 가능성을 제시함에 있어 가능한 한 마블 원작 만화의 세계와 마블 영화 세계 간의 괴리를 공통의 주제로 좁혀보고자 하는 것 역시 이 장의 의도이다.

만화 원작과 영화 간의 극복할 수 없는 차이점에도 불구하고, 이로 인해 마지막 장에서 다루게 될 내용이 어색해지는 위험은 없을 듯하다. 만화 원작이 지닌 복잡한 구성과 무수한 캐릭터들은 영화에 이르러 비교적 간추려졌고, 덕분에 관객들이 스토리에 몰입하는 데에도 무리가 없었기 때문이다. 더욱이 우리는 이미 앞선 장에서 원작 만화《시빌 워》의 내용과 그 작품이 담고 있는 논쟁적 요소들을 자세히 살펴보았으므로, 이후의 논의 또한 수월하게 진행될 수 있을 것이다.

《시빌 워》시리즈에서는 아이언맨이 초인 등록법에 찬성하 255는 히어로의 수를 늘리고자 빌런을 고용해, 지상을 방문한 아틀란티스의 대사를 공격하게 하는 이야기가 나온다. 이는 또 다른 전쟁 위기를 고조시켜 공공의 적을 만들고, 히어로들을 한데 모으기 위한 방편이었다.[74] 그러나 마블 시네마틱 유니버스 속에 등장한 공공의 적은 네이머가 아닌 빌런 타노스다. 절대 권력을

---

74 비슷한 형국이 DC의 그래픽 노블《왓치맨》내에서도 펼쳐진다. 오지맨디아스는 미국과 소련 간에 드리워진 핵전쟁의 위기를 감지하고 가상의 시나리오를 통해 공공의 적인 외계 생명체를 만들어낸다. 그 결과 미국과 소련이 연합함으로써 핵전쟁의 위기감은 해소되었으나, 이 시나리오를 완성시키기 위한 과정에서 뉴욕 시민들 대다수가 희생되어야만 했다.

상징하는 타노스의 등장으로 영화 『캡틴 아메리카: 시빌 워』에서 보여주었던 영웅들 간의 갈등은 새로운 국면을 맞게 된다.

만화 《시빌 워》와 영화 『캡틴 아메리카: 시빌 워』 모두 히어로들 간의 대립 양상을 보여주었다고 한다면, 이를 만회할 방법은 히어로들이 다시 연대할 확실한 계기를 만드는 것뿐이다. 그러기 위해서는 그들을 능가하는 힘을 지닌 최강의 빌런이 필요했을 것이다. 따라서 타노스의 위력은 그간 히어로들이 만난 그 어떤 빌런보다 강할 수밖에 없다. 타노스와의 대적은 슈퍼 히어로들에게 또 다른 시험대가 된다.

히어로들은 인피니티 건틀렛이라는 우주 최강의 무기가 타노스의 손에 들어가는 것을 막기 위해 자신의 능력을 최대한 발휘해야 한다. 그리고 우주에 존재하는 모든 생명체의 절반을 앗아간 타노스로 인해 대중은 다시금 자신들이 비난했던 히어로들에게 도움을 청해야 한다. 이 같은 상황 속에서 히어로들의 행동은 그들의 힘과 그보다 더 큰 힘 앞에서 히어로들이 고수해야 할 정의를 반영한다.

힘과 더 큰 힘 앞에서

만화 원작과 비교해 볼 때, 영화 『캡틴 아메리카: 시빌 워』에서는 상대적으로 히어로들 간의 갈등이 그토록 심화되진 않았지만, 이로 인해 캡틴 아메리카와 아이언맨이 대립하게 된 것은 확실하다. 영화『어벤져스: 인피니티 워』역시 이러한 상황을 전제한 채 시작된다. 타노스는 지구 이전에 토르와 로키가 관장하는 아스가르드인들을 무자비하게 학살하며 등장한다. 그는 우주의 질서와 균형을 유지하기 위해 우주에 존재하는 생명체 절반이 사라져야 하며, 이는 오직 구원을 위한 작은 희생에 불과하다고 주장한다. 타노스는 자신만이 이 과업을 달성할 의지를 지녔다고 믿으며, 이를 실행에 옮기기 위해 흩어진 6개의 인피니티 스톤(각기 공간, 현실, 힘, 영혼, 정신, 시간을 관장한다)을 한데 모아 최강의 힘을 얻고자 한다. 이러한 위기 상황에서 그간 지구의 슈퍼 히어로들이 벌인 내전은 무색해져 버리고 말았다. 히어로들은 거대한 적 앞에서 다시금 어벤져스의 이름으로 연대한다.

영화『어벤져스: 인피니티 워』는 타노스가 인피니티 스톤을 모으는 과정에 집중한다. 이 과정에서 많은 이들이 희생당하거나, 스스로를 희생한다. 그러나 타노스 저지 작전은 결국 실패로 돌아갔고, 우주의 생명체 절반은 가루가 되어 사라진다.

『어벤져스: 인피니티 워』에서 특히 흥미로운 점은 이로부터 우리가 앞서 언급했던 슈퍼 히어로들의 윤리를 다시금 확인할 수 있다는 점이다. 이 영화에서 타노스가 강력한 힘들을 모으는 과정에 주목해 보자. 타노스는 인피니티 스톤을 얻기 위해 자신이 사랑했던 수양딸을 **희생시킨다.** 그리고 나머지 스톤들 역시 다른 생명체를 파괴하거나 죽이는 방식으로 손에 넣는다. 그 과정을 주시해 볼 때, 타노스가 우주 최강의 권력에 눈이 멀어 자행하는 처사는 결코 우주의 미래를 걱정하는 자의 태도는 아니다.

반면 히어로들은 가족, 동료, 그들이 지켜야만 하는 생명체 전체를 위해 자신이 가진 인피니티 스톤을 내놓는다. 이들은 타노스와 달리 자신이 지니고 있던 힘을 포기하며 타인을 위해 **희생한다.** 타노스가 전 우주의 개체 수와 균형을 말할 때, 캡틴 아메리카는 자신을 파괴시켜 달라는 비전에게 "모든 생명은 소중하다"고 말한다. 이것은 칸트의 언명처럼 오직 인간이 목적인 자들의 생각과 신념이다. 그리고 바로 그 점이 히어로와 빌런 간의 가장 큰 차이일 것이다. 타노스는 질서 유지를 명분으로 인간의 생명을 목적이 아닌 수단으로 삼는다. 인간은 단지 개체 수로 환원될 수 없는 존재이며, 그들 하나하나가 곧 하나의 우주이자 하나의 긴 서사임에도 불구하고.

영화의 말미에는 비록 히어로들이 패배한 듯 보이지만, 그들이 정의를 구현하기 위해 치른 희생은 숭고하다. 영화 『캡틴 아

메리카: 시빌 워』에서 이루어졌던 대립 양상은 타노스의 등장 이후 그들이 지닌 공통의 정의관과 동료애를 확인함으로써 와해된다. 반면 타노스가 말하는 우주의 질서를 바로잡기 위한 의지라는 것은 슈퍼 히어로들처럼 자신의 힘으로 타인을 구하고자 함이 아닌, 생명을 소멸시키고자 하는 의지다. 그의 극단적이고 반윤리적인 논리가 너무도 천연덕스러운 나머지 그럴듯하다는 착각마저 들 정도이다. 그렇다면 이토록 무시무시한 타노스의 의지, 즉 생명체의 소멸을 수행하는 데에 있어 일말의 주저도 없는 이 잔인하고 폭력적인 의지는 어디에서 기인한 것일까? 우주의 절반을 날려버릴 권리를 과연 누가 그에게 부여한 것인가?

영화만으로는 충분히 설명되지 않는 이 빌런의 기원과 성장 과정은 만화 원작의 도움을 받아야 이해할 수 있다. 시빌 워의 갈등이 만화 원작에서 더욱 깊이 있게 다루어졌듯이, 타노스의 본성과 기원 역시 만화 원작에서 더욱 자세히 묘사된다. 히어로들이 처한 상황을 보다 정확히 이해하는 한편, 앞으로 이어지게 될 논의를 위해 이제부터 이 최강 빌런 타노스에 관해 잠시나마 살펴보고자 한다.

데뷔작: 〈The invincible Iron man #55〉(1973)

어벤져스의 가장 강력한 적수인 타노스가 처음 등장한 것은 1973년 〈더 인빈서블 아이언맨The invincible Iron man #55〉을 통해서였다. 타노스는 불멸을 뜻하는 'immortal'에서 유래한 그의 이름만큼이나 가공할만한 위력을 지닌 불사신 같은 존재로, 물리적인 영양소가 아닌 우주의 에너지만으로도 생존이 가능하다. 뿐만 아니라 코스믹 파워를 자유자재로 조종하는 힘을 지닌 까닭에 인피니티 스톤의 집합체인 인피니티 건틀렛으로 우주 정복을 꿈꾼다. 비록 영화에서는 자세히 드러나지 않았지만 타노스의 유년기와 인피니티 건틀렛의 존재는 만화《인피니티 건틀렛》과 이후 출간된《타노스 라이징》편에 실려 있다.

타노스는 토성의 위성 중 하나인 타이탄의 식민지 행성에서 태어났다. 타노스가 태어났을 때 그의 어머니는 보라색 피부와 죽음이 깃든 눈빛을 가진 이 아이를 보고 충격과 공포에 휩싸인 나머지 그를 죽이려 했다. 어린 시절의 타노스는 영민하고 지적인 아이였지만, 다소 혐오스러운 외모로 인해 늘 외톨이였다. 어느 날 동년배 소녀 데스가 알려준 미지의 동굴을 탐험하던 중, 동행했던 친구들이 그곳에 매몰된다. 동굴 속 파충류에게 잡아

260

먹힌 친구들의 시신을 목격한 타노스는 파충류들을 학살해 버린다. 이때부터 그에게는 살육에 대한 취미가 생긴다. 데스의 부단한 도발과 유혹으로 인해 타노스는 급기야 자신의 모습과 존재 이유에 대한 질문의 종착점으로 어머니의 육체를 해부하기에 이른다. 어머니를 살해한 후 고향을 등진 타노스는 우주 해적이 되어 여러 행성을 떠돌던 중, 사랑했던 여인들과 자식들마저 무참히 사살한다.

타노스가 이토록 광적일 정도로 살육에 집착하며 우주 전체를 전쟁과 파괴의 장으로 만들고자 한 것은 소년 시절부터 그를 망령처럼 쫓아다니며 유혹한 데스(죽음의 여신) 때문이다. 이 캐릭터는 물론 타노스가 지닌 죽음에 대한 갈망을 가시화한 존재겠지만, 외톨이였던 자신에게 관심을 준 데스에게 매력을 느낀 타노스는 오직 그녀의 사랑을 쟁취하기 위해 우주의 전 생명을 위협하는 존재가 되어가고 있었던 것이다. 하지만 결국 그녀가 자신의 눈에만 보이는 환영에 불과했다는 사실을 알고 분노에 찬 타노스는 타이탄 행성을 파괴하고 아버지마저 살해한다. 하지만 타노스의 눈에는 여전히 데스의 모습이 떠돈다. 마침내 타노스는 데스 여신의 사랑을 얻고자 점점 포악해졌고, 결국 인피니티 건틀렛을 이용해 우주 생명체의 절반을 소멸시키기에 이른다.

영화 『어벤져스: 인피니티 워』의 원작 《인피니티 건틀렛》 역시 타노스가 데스를 향한 열망으로 파괴적인 행각을 벌인다는 내용은 동일하다. 다만 이 작품에서는 죽음의 여신 데스가 우주의 균형 문제를 해결하고자 망자의 세계에서 타노스를 불러들인 것으로 묘사되고 있다. 데스는 타노스에게 우주의 지성체 중 절반을 없애라고 명한다. 그러나 인피니티 건틀렛을 손에 넣은 뒤 무한의 힘을 지니게 된 타노스는 더 이상 자연 법칙의 지배를 받지 않을 정도의 위력을 얻게 되었고, 데스의 힘마저 초월한 우주의 주권자가 되어 버린다.

영화 『어벤져스: 인피니티 워』에서는 만화와 달리 타노스의 살육 동기가 단지 전 우주의 질서를 위한 것이라는 설정으로 대체되었다. 타노스라는 빌런의 무자비함에 개연성을 부여하기 위해서는 그의 탄생 및 성장 과정, 데스에 대한 집착 등을 설명해야 하기 때문에, 자칫 영화 상에서 길어질 수 있는 부분들을 생략한 듯 하다.

영화 『어벤져스: 엔드게임』 역시 《인피니티 건틀렛》의 많은 부분을 각색 및 보완해 만들었지만, 적어도 만화 원작 내에서 모든 존재를 죽음으로 몰아넣으려는 타노스의 파괴 본능이 데스 여신을 향한 '사랑' 때문에 발동했다는 점은 분명 아이러니이다. 또한 이 부분은 영화와 만화 원작을 구분 짓는 가장 큰 차이점이기도 하다.

신화적 기원

타노스는 전쟁과 살육, 죽음의 이미지가 결합된 캐릭터이다. 타노스가 그토록 죽음을 갈구하는 만큼, 이 빌런은 분명 그리스 신화에 등장하는 명계의 신 하데스를 연상시키지만, 신화 속 하데스는 타노스와 같이 살육에 굶주린 폭군은 아니다. 어쩌면 타노스는 항상 피와 죽음에 굶주린 전쟁의 신 아레스(마르스)를 더 닮아있다.

타노스가 그토록 손에 넣고자 했던 인티니티 건틀렛은 북유럽 신화에 나오는 지물 중 하나이다. 북유럽 신화에는 '야른그레이프르Jarngreipr'라는 철제 장갑이 존재한다. 본래 이 장갑의 소유주는 토르이다. 신화에 따르면 토르는 이 장갑을 끼고 '메긴교르드'라 불리는 허리띠까지 장착해야만 비로소 묠니르를 자유자재로 다룰 수 있게 된다. 영화 『어벤져스: 인피니티 워』에서는 묠니르를 잃은 토르가 새로운 무기를 얻고자 니다벨리르라는 행성을 방문하는 장면이 등장한다. 그곳에서 궁극의 무기를 제조하는 거대 난쟁이 에이트리는 앞서 소개했듯이 북유럽 신화에 등장하는 재주 좋은 난쟁이 장인이다. 이 장면에서 우리는 타노스의 인피니티 건틀렛이 에이트리가 만든 철제 장갑 야른그레이프르의 또 다른 이름이며, 따라서 이 무기 역시 북유럽 신화에서 유래했다는 사실을 확인하게 된다. 야른그레이프르는 토르가 자신의 강력한 무기를 다룰 수 있게 해 주는 매개체라는 점에서, 타노스의 힘을 발휘하게 해 주는 매개체인 인피니티 건틀렛과 동일한 역할을 한다고 볼 수 있다. 마블의 세계에서 이 건틀렛은 플라톤의 《국가》에 언급되었던 귀게스의 반지 역할을 한다.

인류의 정의를 위하여

영화 『어벤져스: 인피니티 워』는 타노스가 자신의 목적을 위해 인피니티 스톤을 모으는 과정에 집중하는 스토리였다면, 이어지는 『어벤져스: 엔드게임』은 타노스가 파괴한 세계를 되돌리기 위해 히어로들이 과거로 돌아가 인피니티 스톤을 되찾는 과정에 역점을 둔다.

영화 『캡틴 아메리카: 시빌 워』에서 『어벤져스: 인피니티 워』로, 그리고 마지막 『어벤져스: 엔드게임』으로 이어지는 이 장대한 드라마 속에서 우리는 단지 멋진 액션과 특수 효과만이 아닌, 영화 전반에 깔린 무거운 의미와 마주하게 된다.

인피니티 건틀렛으로 우주의 입법자가 되어 우주의 질서를 바로잡겠다는 타노스의 공리주의적 열망은 분명 지구에 사는 인류의 공익에는 어긋나지만, 범우주적 차원의 공익에는 부합할지 모른다. 인류가 끼친 영향 때문에 지구가 환경오염과 노화로 빠른 소멸에 이른다면, 우주 전체에 나비 효과가 일어날 수도 있다. 만약 정말 그럴 가능성이 있다면, 타노스의 만행은 (범우주적 관점에서) 공익 추구라 할 수 있을까? 다시 말해, 그의 처사는 과연 타당한가?

이러한 관점을 옹호할 때 제기될 수 있는 문제는 크게 두 가지이다. 첫째, 모든 공리주의자가 지닌 공통적인 한계와 마찬가지로, 타노스의 입장에서 정의라 간주될지 모르는 이 행위는 전적으로 결과 지향적이라는 점이다. 이 결과를 위해 희생되는 생명에 대한 고려 따위는 전혀 없기 때문이다. 우주 절반의 생명체는 오로지 '우주 질서의 균형'이라는 결과에 이르기 위해 이유도 모른 채 사라져야 했다. 우주 생명체의 절반을 말살시키는 타노스의 방식을 택할 경우, 지구인들과의 공리와는 상반되는 범우주적 차원의 극단적 공리주의를 위해 지구인의 관점에서는 비윤리적이기 그지없는 수단을 사용하는 셈이 된다. 게다가 공리주의자들이 선호하는 결과론적 입장에서 역시 만족스럽지 못한 것도 문제다. 영화『어벤져스: 엔드게임』은 시작부터 이러한 질문을 던진다. '그래서 과연 지구인들은 행복해졌는가?' 이에 대한 우리의 대답이 곧 타노스가 주장하는 범우주적 공리주의에 대한 답이 될 것이다. 이 행위의 결과는 살아남은 이들에게 전혀 만족을 주지 못했다. 따라서 이것은 인류가 추구하는 정의는 결코 될 수 없다.

두 번째로 제기될 수 있는 질문은 이것이다. 왜 타노스가 우주의 질서와 인류의 미래를 결정해야 하는가? 그러한 판단을 실행에 옮길 권리를 누가 그에게 주었는가? 위험에 처한 지구를 살리기 위해 어떤 식으로든 인류의 일부가 사라져야 한다는 병적인 주장은 다른 만화나 영화들을 통해 때때로 제기되어 왔다. 영화 『킹스맨: 시크릿 에이전트』[75]에 등장하는 악당 발렌타인을 예로 들어보자. 타노스와 비슷한 생각을 가진 그는 자신의 재력과 사회적 영향력을 이용해 지구인의 반을 무작위로 살해하고자 했다. 이러한 빌런들의 공통점은 타의 추종을 불허하는 힘을 소유하고 있다는 것이다. 그렇다면 오직 힘의 논리로 타인을 해칠 결정권을 가질 수 있다는 것은 과연 정당한 일일까? 힘이 있는 자는 무소불위의 권리를 지녀도 되는 것인가?

생명의 세계에서는 약육강식의 원리가 작동하며, 동물의 세

---

[75] 영화 『킹스맨』은 동명의 원작 만화에 기반하였으며, 만화 《킹스맨》의 작가들 중 한 사람이 바로 《왓치맨》을 그렸던 데이브 기본즈이다.

계에서는 더더욱 힘이 모든 것의 지배 논리라 주장하는 이가 있을지 모른다. 또한 언젠가 어떤 계기로든—전쟁, 기아, 질병 등— 인구를 줄일 필요가 있다는 위험한 생각을 하는 이가 있을 수 있다. 그러나 생각해 보자. 우리가 힘의 논리에 의해 전적으로 지배당하는 입장이라면 이에 순순히 응하겠는가? 나의 부모, 형제, 친구, 동료들이 『어벤져스: 엔드게임』처럼 무작위로 소멸되어 간다면, 그것은 과연 '무작위이기에' 공정한 것일까?

문제는 어느 누구에게도 타인의 생명을 무작위로 말살할 권리는 주어지지 않았다는 데에 있다. 이 논의는 어쩌면 시작부터 잘못된 것인지도 모른다. 인류의 소멸이 무작위이기에 공정한 것이 아니라, 타노스가 그것을 결정한다는 것, 즉 가장 강력한 힘을 지닌 자라는 이유로 힘없는 자의 생명을 좌우할 권리를 갖는다는 것 그 자체가 불공정한 처사이기 때문이다. 게다가 타노스가 이 임무를 수행하기 위해 필요로 한 힘이 스스로가 지니고 있었던 힘이 아니라는 점 역시 문제이다. 만약 우주의 질서가 애초부터 균형 유지를 위해 생명체의 개체 수를 무작위로 조절하도록 시스템화 되어 있다면, 우리는 어쩔 수 없이 거기에 순응해야 할 것이다. 그러나 만일 타노스가 지구인들을 소멸시킬 권리를 가졌다면, 그 권리는 전적으로 그가 가진 인피니티 건틀렛 덕택이다. 타노스가 인피니티 건틀렛을 통해 얻고자 하는 그

267

힘은, 결국 우주를 평화롭게 유지하기 위해 슈퍼 히어로들이 인피니티 스톤을 분산시켜 유지해 온 힘이 아니던가? 타노스는 이렇게 유지되어온 힘을 고의로 빼앗고자 했고, 타인들로부터 탈취한 힘으로 최고권자의 권력을 행사하고자 했기에 정의롭지 못하다. 스스로의 힘으로 우주의 질서를 정돈할 능력이 없다면, 그는 더 이상 입법자로서의 자격을 지닐 수 없다.

더욱이 타노스가 그 힘을 얻고자 했던 이유는 단지 우주적 과업을 완수하겠다는 의도뿐만이 아니라 절대 권력에 대한 열망에서 출발했다는 점을 결코 부인할 수 없다. 비록 그가 이 임무를 완수한 뒤 모든 것을 포기한 채 전원생활을 선택했다고 할지라도.

이와는 대조적으로 히어로들이 타노스를 제거하고자 하는 목적은 인피니티 건틀렛으로 자신들의 힘을 강화하려는 것이 아니다. 『어벤져스: 인피니티 워』에서 그들이 동료들과 형제들을 구하고자 기꺼이 스톤들을 타노스에게 양도했던 장면들을 기억하자. 타노스가 어떻게든 빼앗으려 하는 그 힘을 히어로들은 순순히 내어준다. 『어벤져스: 엔드게임』에서, 타노스의 만행에도 불구하고 살아남았던 영웅들은 도리어 과거로 되돌아감으로써 목숨을 잃었다. "나는 필연적인 존재다"라는 타노스의 말에 아이언맨이 "나는 아이언맨이다"라고 응수하는 것도 이 때문이다. 비록 필멸의 인간이지만, 아이언맨의 희생이 전적으로 자발적이라는 데에 히어로들의 위대함이 있다. 그들은 생명을 지키고, 잃어버린 이들로 인한 슬픔을 위로하며, 타노스의 일방적 폭주를 막기 위해 인피니티 건틀렛의 힘을 사용한다. 타노스는 인피니티 건틀렛을 이용해 지구의 절반을 소멸시켰지만, 슈퍼 히어로들은 지구의 절반을 되살렸다. 힘이 있는 자에게 모든 권리가 부여되는 것이 아니다. 그 힘을 '어떻게' 사용하는가에 따라 그 힘은 권리를 만들어 주기도, 희생을 필요로 하기도 한다.

이런 맥락에서, 히어로들이 타노스를 막아내고자 연대하여 맞서는 과정은 우주의 균형 유지보다 더한 의미가 있다. 영화 『어벤져스: 엔드게임』에서 시간을 되돌린 히어로들을 다시 만난 타노스는 말한다. 절반을 없애면 나머지 절반은 번창할 줄 알았건만, 자신이 무엇이며, 무엇이 될 수 있는지를 받아들이지 못하는 히어로들 때문에 결국 그것이 불가능함을 알았노라고. 그러나 타노스는 인간이라는 생명체의 진가를 제대로 이해하지 못했다. 남은 절반은 사라진 절반을 그리워하며 고통스러워하는 존재라는 것을. 인간들은 자신이 무엇이었는지, 무엇이 될 수 있는지에 관해 무지한 것이 아니라, 사라진 이들 없이는 본연의 자아가 완전해질 수 없다는 것을 아는 존재였을 뿐이다. 그리고

269

히어로들의 이 같은 행위 속에는 인간적 가치와 정의에 대한 존중이 내재한다.

히어로들의 위력 또한 연대에서 나온다. 각각 흩어져 있던 인피니티 스톤이 모여 어마어마한 위력을 발휘하듯이. 그러나 그들의 초인적인 힘은 어디까지나 생명에 대한 윤리를 추구한다는 점에서 참된 정의와 만난다. 공동의 선을 향해 가는 임무는 비단 초인들에게만 부여된 특권은 아닐 것이다. 그것은 우리가 인간이라면 마땅히 지켜야 할 임무이기도 하다. 토르의 어머니는 그에게 영웅의 조건을 상기시킨다. 그것은 "얼마나 참된 자기 자신이 되는가"에 있는 것이다. '참된 자기 자신'이 의미하는 바는 무엇일까? 그것은 어쩌면 거스르지 말아야 할 것에 대한 순응이자, 옳고 그름을 이성적으로 판단하는 능력이며, 인간에게 있어서는 정의를 추구하는 마음이다. 인간의 정의는 이해와 사랑으로부터 시작된다. 인간을 목적으로 둔다는 의미는 그것이며, 영웅의 조건 또한 그 점을 아는 데에 있다.

이 책의 Ⅱ장에서 언급했던 영웅의 의미를 다시 한번 상기해 보자. 영웅의 정의는 초인적인 존재라는 점으로부터 시작되었지만, 종국에는 인간으로서의 윤리적인 면모가 그 기준이 되고 있었다. 조지프 캠벨의 말처럼, "영웅은 무엇인가를 위해 자신을 희생하는 사람"이며, "이것이 바로 도덕적인 것"이다.[76] 인피니티 스톤을 얻기 위해 스스로를 희생했던 히어로들의 행적을 되돌아보자. 인간이란 존재의 불가사의함과 아름다움은 바로 여기에 있다. 설사 그들이 타노스에게 패배할지라도, 단지 패배자에 그치지 않는 존재의 미덕 또한 여기에 있다. 이로부터 우리는 정의와 불의의 경계가 더 이상 힘의 유무나 승패에 있는 것이 아니라, 정의 구현의 과정에 있다는 점을 다시금 깨닫는다. 슈퍼 히어로들은 자신들의 능력을 인간적인 윤리의 규범이 되는 데에 사용하는 자들이다. 그간 마블의 세계가 다양한 방식으로 보여준 큰 그림은 바로 이를 위한 여정이라 해도 옳을 것이다.

271

---

[76] 조지프 캠벨, 빌 모이어스, *op. cit.*, p.235.

5. 정의의 정의

정의가 전적으로 윤리적인 문제라는 것을 누구나 안다. 슈퍼히어로물은 평범한 이들이 지니지 못한 힘을 가진 이가 과연 최고선에 이르는 것이 가능한가에 대한 문제를 다룬다는 점에서 늘 매력적이다. 이러한 문제 제기는 이미 소크라테스와 플라톤의 시대로부터 시작되었다. 귀게스의 반지를 갖게 된 자는 결코 정의로울 수 없다고 글라우콘은 주장한다. 그러나 소크라테스는 그러한 힘을 지녔음에도 불구하고 선을 추구함으로써 스스로 진정한 행복에 이르는 길이 인간으로서 가장 바람직하다고 결론 짓는다. 이러한 결말이 너무나 도덕적이고 진부하다는 의견이 있을 수 있다. 그러나 설사 현실이 글라우콘과 같은 인물들로 득실대고, 소크라테스와 같은 인생관으로는 버텨내기 힘든 곳이라 할지라도, 우리가 왜 그토록 마블에 탐닉하는가를 생각해 본다면 그다지 이상할 것도 없는 결론이다. 또한 부당한 현실에 직면해 왜 우리가 매번 분개하는지, 왜 타인의 고통을 마치 자신의 고통처럼 받아들이며 항의하는지, 왜 자신의 이득을 져버리면서까지 남을 돕는지를 생각해 본다면, 역시 하등 이상할 것이 없는 결론이기도 하다.

마블 히어로들은 우리와 다를 바 없지만 우연히 초월적 능력을 얻게 된 자들이다. 그들에게 힘이 생겼을 뿐, 그들이 추구하는 가치와 정의는 우리와 마찬가지의 것이다. 하지만 그들은 글라우콘의 의견과는 반대되는 삶을 택했다. 히어로들은 자신의 힘을 개인적인 이득이나 명예, 성공을 쟁취하는 데 쓰기보다는 타인을 위해 사용하고자 한다. 그들이 온갖 부패와 악행에 맞서 행하는 정의 구현을 우리는 진심으로 지지한다. 그럼에도 불구하고 우리가 소크라테스의 결론을 감히 진부한 것으로 치부할 수 있을까?

273

그리스 신화의 시대부터 마블이 신화가 된 현대에 이르기까지, 인간이 정의를 향해 외친 순수한 러브콜은 한순간도 식은 적이 없었다. 슈퍼 히어로라는 존재들은 그 점을 항상 상기시켜 준다. 혹자는 "절대 권력은 절대 부패한다"고 말한다. 그러나 적어도 이 문구는 슈퍼 히어로들에게만큼은 해당되지 않는다. 그들은 기꺼이 '큰 힘'에 따르는 '큰 책임'을 택할 것이다. 그 이유는 앞서 슈퍼 히어로라는 존재의 의미와 정체성을 논하는 장에서 충분히 언급했다.

마블의 히어로들이 구축한 철학적 생태계를 결론지음에 있어 다시금 마이크 샌델의 고견을 차용할 필요가 있을 듯하다. 그는 정의를 이해하기 위한 다음의 세 가지 방식을 제시한다.[77]

274

1. 정의란 공리나 행복의 극대화, 즉 최대 다수의 최대 행복을 추구하는 것이다.
2. 정의란 선택의 자유를 존중하는 것이다.
3. 정의란 미덕을 키우고 공동선을 고민하는 것이다.

1의 정의와 2의 정의 간의 대립 구도는《시빌 워》시리즈가 다각적으로 심화시켰던 주제이기도 하다. 원작 만화에서 무자비하게 공리주의적 입장을 고수했던 아이언맨과 원칙주의적 입

마이클 샌델, *op. cit.*, p.360.

장에서 선택의 자유를 고수한 캡틴 아메리카 간의 대립으로부터 야기된 시빌 워는 샌델이 상기시켜 주듯 "정의로운 사회는 단순히 공리를 극대화하거나 선택의 자유를 확보하는 것만으로는 만들 수 없다"[78]는 점을 현실적으로 보여준 작품이었다. 정의가 단순히 공리주의가 지향하는 양적 분배의 문제만이 아닌, "올바른 가치 측정의 문제"[79]인만큼, 우리는 시빌 워를 통한 영웅들의 대립 덕분에 정의를 구현하는 과정과 그 방식의 중요성에 대해 판단할 수 있었다. 이처럼 우리가 올바른 판단에 이를 수 있었던 것은 이 내전을 바라보는 영웅들의 서로 다른 시선을 통해 이 사건의 전말을 서서히 드러낸 원작의 독특한 화법 덕택이기도 했다. 이 작품은 과연 히어로들의 정의를 현실의 한복판으로 끌어들였다.

영화 『어벤져스: 인피니티 워』와 『어벤져스: 엔드게임』은 이러한 정의 구현 방식에 있어서의 충돌이 종국에는 어디로 향해야 하는가를 제시해 준다. 히어로들 간의 충돌을 통해 궁극적으로 정의가 지향해야 할 바를 보여주는 것이다. 우연찮게도 마이크 샌델이 지향하는 정의의 이상향과 슈퍼 히어로의 정의관은

---

78 *Ibid.*, p.361.

79 *Ibid.*, p.362.

비슷한 지점에서 만나고 있다. 그곳은 바로 그가 제시한 세 번째 정의관, 즉 "정의란 미덕을 키우고 공동선을 고민하는 것"이라는 데에 있다. 정의에 대한 이 같은 모델은 샌델이 아리스토텔레스로부터 차용한 것이다. 아리스토텔레스에 따르면 정의와 권리에 대한 논쟁은 사회 제도나 조직의 목적, 그것이 나누어 주는 재화, 그리고 영광과 포상을 안겨주는 미덕에 관한 논쟁으로 이어질 수밖에 없다.[80] 이 중 정의와 권리에 대한 앞선 두 논쟁, 즉 "사회 제도나 조직의 목적, 그것이 나누어 주는 재화"를 둘러싼 문제는 만화 《시빌 워》에서 초인 등록법으로 인해 두드러졌던 대립을 통해 충분히 논의된 바 있다.

따라서 마지막으로 이러한 분쟁과 갈등을 겪은 히어로들이 나아가야 할 궁극적 방향은 "미덕에 대한 논쟁"이 되어야 할 것이다. 슈퍼 히어로들이 타노스와의 전쟁으로부터 쟁취하고자 했던 것은 바로 '공동선의 미덕'이다. 또한 이 공동선의 미덕을 발휘하는 데에 있어 전제되는 것은 다름 아닌 히어로들 간의 연대이다. 타인과의 공감으로 인해 가능한 이런 연대 의식은 우리가 도덕과 정치를 논할 때 마주하게 되는 특징이다. 동료나 이웃, 가족과 다른 시민들과 더불어 우리가 느끼는 공감 능력이

---

80 *Ibid.*, p.289.

곧 '공통감(common sense)'이며, 이것을 우리는 다른 용어로 '상식'이라 부른다. 따라서 샌델의 말처럼 연대에는 "도덕적 힘"[81]이 필요하다. 연대로 인한 소속감과 책임감은 공통의 서사로 우리를 보다 단단히 엮어준다.

각자의 서사를 지닌 매력적인 영웅들이 서로의 서사에 개입하고, 그 서사를 공유하며 연대해 나가는 과정은 어벤져스 시리즈를 이끄는 주된 동력이었다. 또한 이 서사 구도는 오랜 신화적 상상력 속에서 양육되어 온 것이다. 마블 코믹스 유니버스에서 《시빌 워》로 인해 불거진 갈등이 철저히 인간 사회를 전제한 이해관계의 대립이었다고 한다면, 마블 시네마틱 유니버스에서 이 갈등은 타노스의 등장으로 무산되었고, 우주를 소멸시킬 만큼의 절대 권력을 지닌 이 공공의 적에 맞서 슈퍼 히어로들의 연대는 다시금 강화되었다. 히어로들의 행위는 물리적 위력(혹은 권력이나 재력)을 가진 이가 과연 최고선에 이를 수 있는가의 문제와 결부된다는 점에서 중요한 것이다. 힘을 지녔음에도 결코 부패하지 않을 그들의 정의관은 소크라테스의 '행복'과 아리스토텔레스의 '실천적 지혜', 나아가 칸트의 '정언명령'을 상기시킨다. 결국 정의가 "미덕을 키우고 공동선을 고민하는" 데에 있다

---

81 *Ibid.*, p.334.

는 샌델의 마지막 결론은 정확히 우리가 마블 코믹스 유니버스와 시네마틱 유니버스를 토대로 살펴본 모든 논의의 흐름과 자연스럽게 일치하고 있다. 마블의 세계는 곧 슈퍼 히어로들이 설명해 주는《정의란 무엇인가》에 다름 아니다.

타노스는 다양한 모습으로 인간 사회 속에 건재해 왔다. 인간의 윤리적 확신을 약화시키고, 위력으로 굴복하게 만드는 모든 존재가 곧 타노스이다. 부당하고 반윤리적인 방식으로 부와 명예, 권력을 키워 온 자들, 강대국의 제국주의와 패권주의, 그 힘으로 자신들의 안위를 지키고자 타인을 희생시키고 이를 합리화하는 자들, 어쩌면 인간의 힘으로 정복할 수 없는 강력한 질병 등의 모습으로 우리는 역사 속에서 수많은 타노스들을 만나왔다. 그리고 인류 역시 부당한 처사에 맞서 부단히 싸워왔다. 자신보다 강한 존재 앞에서도 인간들은 연대하며 투쟁한다. 인간과 다른 동물들과의 차이점은 불의에 저항한다는 사실 자체에 있기도 하지만, 나아가 저항의 방식에 있다.

칸트가 주장하듯, 합리적인 이성과 판단력은 우리를 보다 자유롭게 해준다. 타인을 향한 배려와 희생은 개인의 자유를 억압하는 것이 아니라, 오히려 자신의 도덕법을 통해 모든 이해관계로부터 자유로워지게 함으로써 올바른 도덕적 임무를 완수하게 한다. 이성이 있는 자는 타인의 이성 또한 존중하며, 마찬가지로 타인의 생명과 인격을 목적으로 삼을 수 있기에. 이것은 단지 쾌락이나 욕망에 굴복하는 말초적인 자유가 아니라, 인간으로서 이성을 십분 활용하여 얻게 되는 진정한 자유에 가깝다. 진정한 자유를 구가함으로써 이 사회에는 정의로운 풍토가 조성될 수 있다. 이렇게 정의가 단단히 뿌리내린 사회에는 또 다른 타노스가 등장하기 어렵다. 슈퍼 히어로는 어쩌면 우리 안에 있는 정의의 불씨 자체이다. 히어로들의 확고한 정의관은 우리에게 내재된 정의에 대한 신뢰를 강화시킨다. 그들은 우리의 정의감을 북돋운다. 히어로들은 힘을 가지고도 부패하지 않는 사람들이다. 이들에 대한 대중의 신뢰가 곧 정의를 만든다. 그것은 원칙에 대한 신뢰이자 윤리에 대한 신뢰이다. 우리가 슈퍼 히어로를 신뢰하는 한 그들은 지속적으로 윤리적인 모범을 보일 것이다. 그들은 최고선을 위해 자신을 희생하기에 영웅이다. 그리고 이러한 생태계가 조성된다면 우리는 모든 것을 올바르게 바꾸어 나갈 수 있다.

우리가 '선택적 정의'를 불신하는 것 또한 그 때문이다. 이 용어가 정의를 사칭한 정의의 부정임을 간파할 필요가 있다. 인간이 인간임에 틀림없는 것은 원칙적 정의가 존재하며, 인간의 본성에 각인된 양심과 수치심이 존재하기 때문이다. 우리는 정의를 구현하기 위한 행위나 방식을 선택할 수는 있지만, 정의 자체를 선택할 수는 없다. 따라서 선택적 정의란 있을 수 없다. 정의가 선택이라는 명제 자체가 이미 그것이 정의가 아님을 증명한다. 감히 선택할 수 없는 것, 이미 우리 마음속에 정답을 갖고 태어난 것, 이것이 바로 '정의의 정의(The definition of Justice)'이다. 선택을 허용하는 순간부터 정의는 그 효력을 잃는다. 동시에 그때부터 정의는 그 무엇도 허용함이 가능해진다. 모두에게 공정하고 같은 기준을 적용해야 한다는 상식적인 원칙 없이는 법도, 심지어는 인륜조차도 무력해질 것이다. 게다가 그 선택의 기준을 대체 누가 정할 수 있단 말인가? 선택을 허용한 이상 이 기준은 각자의 윤리관에 따른 각자의 정의를 용인하게 한다. 각자의 선택, 혹은 특정 집단의 선택에 따라 적용되는 윤리적 잣대는 그 눈금이 성길 수도, 촘촘할 수도 있다. 이때 선택을 허용한 정의는 누군가의 성긴 잣대 역시 합리화시킬 위험이 있다. 누군가에게는 악행이 누군가에게는 무죄가 되는 일은 엄밀히 말해 존재할 수 없다. 부정확한 잣대로, 불균등한 천칭으로, 측정하고 싶은 이들만 측정하는 순간, 잣대와 천칭은 그 본연의 기능을 상실하고 만다.

히어로들의 정의관은 바로 이러한 선택적 정의 따위를 용인하지 않기에 의미가 있다. 재력과 권력을 지닌 이들은 이 사회 속에서 어떤 잣대도 성기게 만들며, 아무리 촘촘한 잣대도 서슴없이 빠져나간다. 그들은 죄를 짓고도 좋은 변호사를 산다. 그 변호사들은 엄청난 보수를 받고 그들을 지킨다. 그들이 살인을 하고, 타인을 억울한 상황에 처하게 만들지라도 석방시킨다. 판사들은 가진 자보다 없는 자들에게, 가해자보다 피해자들에게 가혹한 판결을 내린다. 우리는 생각한다.

누군가 이것을 바로 잡아 줄 수는 없을까? 내가 부당하게 당한 만큼 그 악행을 대신 처벌해 줄 사람은 없는가?

히어로들이 바로 이러한 일에 뛰어든다. 그들은 자신들의 행위에 대해 아무런 대가도 바라지 않는다. 히어로들의 정의란 바로 이런 것이며, 따라서 이들의 정의관은 참되다. 그것은 적어도 공정하다. 칸트는 '선택적 정의'라는 용어를 결코 허용하지 않았을 것이다. 그것은 캡틴 아메리카나 배트맨 역시 마찬가지이다.

과학과 기술의 진화 속도만큼, 또한 마블의 신화가 진화를 거듭해온 만큼, 인류의 윤리 의식 또한 그에 못지않게 한 걸음 진화해야 할 때가 아닌가 생각해 본다. 우리가 항상 몸에 지니는 최신 기기들만큼이나 익숙하게, 우리는 늘 윤리적인 문제에 직면한다. 우리의 평범한 일상에도 히어로와 빌런은 존재한다. 빌런은 때때로 히어로를 비춰주는 거울이 된다. 조커와 배트맨, 타노스와 어벤져스는 서로의 존재를 더욱 확실히 해 주는 반사경이다. 빌런은 스스로를 결코 악한이라 생각하지 않는다. 그들은 자신들이 정의를 구현한다고 믿는다. 문제는 바로 여기에 있다. 우리는 이들을 엄밀히 구분해야만 한다. 힘이 있음에도 약자 편에 서는 자들은 영웅이다. 힘 있는 자들에게는 감히 대적하지 못하면서 약자만을 괴롭히는 자는 빌런이다. 부정확한 윤리적 잣대로 내키는 대로 측정하는 자들은 빌런이다. 반면 모두를 정확한 잣대로 측정하는 이들은 영웅이다.

지금까지 살펴본 마블의 세계는 공상 과학과 판타지적 요소들로 가득한 슈퍼 히어로들의 활약상뿐만 아니라, 우리가 현실 속에서 마주하는 다양한 사건들과 그에 따른 윤리적 고심들을 형상화한 방식에 있어서도 가히 독창적이다. 이를 통해 우리는 인류의 원형적 상상력 속에서 시대를 거치며 변형되어 온 신화 속 영웅들과, 그들 내면에 자리한 변치 않는 인간의 본성과 조우해 보았다.

그 어떤 철학서나 문학 작품 못지않은 풍부한 메시지들을 담고 있는 마블 속 슈퍼 히어로들은 '힘과 권력을 가진 자가 어떻게 행동해야 하는가'에 대한 모범을 제시해 준다. 또한 그들이 추구하는 궁극적 정의를 향한 열망은 급속도로 발전해 가는 현대 사회 속에서도 인간이라면 결코 포기해선 안 되는 것들에 대해 가르쳐준다.

아직 형성 중인 마블학은 앞으로 더욱 다양한 방면의 연구를 가능하게 해 줄 것이다. 우리는 이 책에서 인문학적 요소들을 바탕으로 그 일부를 구축했다. 여기에서 주로 다루었던 마블학은 일종의 신화학이자, 정의의 윤리학이다.

참고문헌

일반도서 및 문헌

- 구스타프 슈바브, 《구스타프 슈바브의 그리스 로마 신화 1: 신과 영웅의 시대》, 이동희 옮김, 휴머니스트, 2015.
- 구스타프 슈바브, 《구스타프 슈바브의 그리스 로마 신화 2: 트로이아 전쟁》, 이동희 옮김, 휴머니스트, 2015.
- 구스타프 슈바브, 《구스타프 슈바브의 그리스 로마 신화 3: 오뒷세우스·아이네아스》, 이동희 옮김, 휴머니스트, 2015.
- 김세리, 〈만화 속 아프로퓨처리즘(Afrofuturism)의 두 양상: 《블랙팬서》와 《다이악》을 중심으로〉, 프랑스문화연구 Vol.43, 2019.
- 김윤진 엮음, 《아프리카의 신화와 전설》, 명지출판사, 2004.
- 닐 게이먼, 《북유럽 신화》, 박선령 옮김, 나무의 철학, 2017.
- 로버트 루이스 스티븐슨, 《지킬 박사와 하이드》, 김세미 옮김, 문예출판사, 2009.
- 로이스 그레시, 로버트 와인버그 지음, 《슈퍼영웅의 과학》, 이한음 옮김, 한승, 2004.
- 롤랑 바르트, 《현대의 신화》, 이화여자대학교 기호학연구소 옮김, 동문선, 2002.
- 리처드 매드슨, 《줄어드는 남자》, 조영학 옮김, 황금가지, 2007.
- 마이클 샌델, 《정의란 무엇인가》, 이창신 옮김, 김영사, 2010.

284

- 마크 웨이드 외,《슈퍼 히어로 미국을 말하다》, 하윤숙 옮김, 잠, 2010.
- 마크 D. 화이트, 로버트 아프 엮음,《배트맨과 철학》, 남지민 외 옮김, 그린비, 2013.
- 매트 포벡, 대니얼 월레스 외,《마블 어벤저스 백과사전》, 최원서, 박무성 옮김, 시공사, 2016.
- 메리 셸리,《프랑켄슈타인》, 오은숙 옮김, 미래사, 2008.
- 밥 배철러,《더 마블 맨》, 송근아 옮김, 한국경제신문, 2019.
- 빅토르 위고,《파리의 노트르담 1》, 정기수 옮김, 민음사, 2005.
- 빅토르 위고,《파리의 노트르담 2》, 정기수 옮김, 민음사, 2005.
- 소포클레스,《오이디푸스 왕》, 강대진 옮김, 민음사, 2009.
- 세바스찬 알라바도,《마블이 설계한 사소하고 위대한 과학》, 박지웅 옮김, 하이픈, 2019.
- 스콧 맥클루드,《만화의 이해》, 김낙호 옮김, 시공사, 2005.
- 스탠 리,《스탠 리의 슈퍼히어로 드로잉》, 오윤성 옮김, 한스미디어, 2014.
- 아리스토텔레스,《니코마코스 윤리학》, 천병희 옮김, 숲, 2014.
- 오비디우스,《변신 이야기》, 천병희 옮김, 숲, 2017.
- H.G. 웰스,《투명인간》, 임종기 옮김, 문예출판사, 2014.
- 움베르토 에코,《대중의 영웅》, 조형준 옮김, 새물결, 2005.
- 윌리엄 셰익스피어,《맥베스》, 최종철 옮김, 민음사, 2018.
- 이윤기,《뮈토스 제1부: 신들의 시대》, 고려원, 1999.
- 이윤기,《뮈토스 제2부: 영웅의 시대》, 고려원, 1999.
- 이윤기,《뮈토스 제3부: 인간의 시대》, 고려원, 1999.

285

- 이윤기, 《이윤기의 그리스 로마 신화》, 웅진지식하우스, 2020.
- 이케가미 료타, 《도해 북유럽 신화》, AK, 2012.
- 임마누엘 칸트, 《윤리형이상학 정초》, 백종현 옮김, 아카넷, 2018.
- 장 마르칼, 《아발론 연대기1: 마법사 멀린》, 김정란 옮김, 북스피어, 2006.
- J.R.R. 톨킨, 《반지의 제왕 II: 두 개의 탑》, 이미애 옮김, 씨앗을 뿌리는 사람, 2010.
- 제임스 카칼리오스, 《슈퍼맨, 그게 과학적으로 말이 되니?》, 박다우 외 옮김, 지식나이테, 2010.
- 조나단 스위프트, 《걸리버 여행기》, 신현철 옮김, 문학수첩, 1993.
- 조지프 캠벨, 빌 모이어스, 《신화의 힘》, 이윤기 옮김, 21세기북스, 2020.
- 조지프 캠벨, 《영웅의 여정》, 박중서 옮김, 갈라파고스, 2020.
- 조지프 캠벨, 《천의 얼굴을 가진 영웅》, 이윤기 옮김, 민음사, 2018.
- 존스턴 매컬리, 《쾌걸 조로》, 김훈 옮김, 열린책들, 2009.
- 질 르포어, 《원더우먼 허스토리》, 박다솜 옮김, 윌북, 2017.
- 카트린 몽디에 콜, 미셸 콜, 《키의 신화》, 이옥주 옮김, 궁리, 2005.
- 크리스토퍼 보글러, 《신화, 영웅 그리고 시나리오 쓰기》, 함춘성 옮김, 비즈앤비즈, 2014.
- 토마스 불핀치, 《그리스·로마 신화》, 최혁순 옮김, 범우사, 1998.
- 톰 드팔코, 피터 샌더슨 외, 《마블 백과사전》, 이규원, 임태현, 박무성 옮김, 시공사, 2015.
- 플라톤, 《플라톤 전집 I: 소크라테스의 변론/크리톤/파이돈/향연》,

천병희 옮김, 숲, 2012.

- 플라톤,《플라톤 전집 IV: 국가》, 천병희 옮김, 숲, 2019.
- 하워드 파일,《로빈후드》, 박진배 옮김, 동해출판, 2010.
- 한스 귄터 가셴, 자비네 미놀,《인간, 아담을 창조하다》, 정수정 옮김, 프로네시스, 2007.
- 험프리 카펜터,《톨킨 전기》, 이승은 옮김, 해나무, 2004.
- Brian Cronin, 〈Comic Book Legends Revealed #183〉, November 27, 2008. https://www.cbr.com/comic-book-legends-revealed-183/
- Edited by Jeff McLaughlin, *Comics as Philosophy*, University Press of Mississippi, 2005.
- Frederic Wertham, *Seduction of the innocent*, Rinehart & Company, 1954.
- Mark Dery, "Black to the future" in *Flame Wars: The Discourse of Cyberculture*, Duke University Press, 1994.
- Maurice Mitchell, "The Secret History of Black Panther by Stan Lee", February 14, 2018. http://www.thegeektwins.com/2018/02/the-secret-history-of-black-panther-by.html
- Randy Duncun, Matthew J. Smith, *The Power of Comics: History, Form & Culture*, Continuum, 2009.
- Roland Barthes, *Mythologie*, Seuil, 1957.
- Stephen Weiner, *Faster Than a Speeding Bullet: The Rise of the Graphic Novel*, NBM, 2003.

그래픽 노블

- 닉 스펜서, 라몬 로사나스 외, 《앤트맨 Vol.1》, 이규원 옮김, 시공사, 2015.
- 레지날드 허들린, 존 로미타 주니어 외, 《블랙 팬서: 블랙 팬서는 누구인가?》, 이규원 옮김, 시공사, 2018.
- 마거릿 스톨, 카를로스 파체코 외, 《라이즈 오브 캡틴 마블》, 김의용 옮김, 시공사, 2019.
- 마이클 스트라진스키, 론 가니, 《시빌 워: 어메이징 스파이더맨》, 최원서 옮김, 시공사, 2014.
- 마이클 스트라진스키, 올리비에 크와펠 외, 《토르 옴니버스》, 임태현 옮김, 시공사, 2013.
- 마이클 스트라진스키, 존 로미타 주니어 외, 《어메이징 스파이더맨 Vol.1: 집으로》, 이규원 옮김, 시공사, 2014.
- 마이클 스트라진스키, 존 로미타 주니어 외, 《어메이징 스파이더맨 Vol.2: 탄로》, 이규원 옮김, 시공사, 2014.
- 마크 구겐하임, 움베르토 라모스, 《시빌 워: 울버린》, 이규원 옮김, 시공사, 2016.
- 마크 밀러, 스티브 맥니븐 외, 《시빌 워》, 최원서 옮김, 시공사, 2016.
- 마크 밀러, 스티브 맥니븐, 《울버린: 올드 맨 로건》, 임태현 옮김, 시공사. 2017.
- 마크 웨이드, 크리스 샘니 외, 《블랙 위도우》, 이규원 옮김, 시공사, 2020.

- 맷 프랙션, 다비드 아하 외,《호크아이 Vol.1: 인간병기》, 임태현 옮김, 시공사, 2016.
- 맷 프랙션, 다비드 아하 외,《호크아이 Vol.2: 소소한 사건들》, 임태현 옮김, 시공사, 2016.
- 브라이언 마이클 벤디스, 브라이언 힛치 외,《에이지 오브 울트론》, 최원서 옮김, 시공사, 2015.
- 브라이언 마이클 벤디스, 알렉스 말리에브 외,《시빌 워: 아이언맨》, 최원서 옮김, 시공사, 2015.
- 브라이언 마이클 벤디스, 올리비에 크와펠,《하우스 오브 엠》, 최원서 옮김, 시공사, 2014.
- 브라이언 K. 본, 마르코스 마틴,《닥터 스트레인지: 서약》, 이규원 옮김, 시공사, 2016.
- 브라이언 포센, 제리 더갠 외,《데드풀 1》, 이규원 옮김, 시공사, 2017.
- 빌리 렉스, 닉 존스 외,《닥터 스트레인지의 미스터리 월드》, 이혜리 옮김, 시공사, 2016.
- 스탠 리, 피터 데이비드, 콜린 도란,《마블의 아버지 스탠 리 회고록》, 안혜리 옮김, 영진닷컴, 2017.
- 아트 슈피겔만,《쥐 I》, 권희섭, 권희종 옮김, 아름드리, 2006.
- 아트 슈피겔만,《쥐 II》, 권희섭, 권희종 옮김, 아름드리, 2006.
- 앨런 무어, 데이브 기본즈,《왓치맨 1》, 정지욱 옮김, 시공사, 2008.
- 앨런 무어, 데이브 기본즈,《왓치맨 2》, 정지욱 옮김, 시공사, 2008.
- 에드 브루베이커, 마이크 퍼킨스 외,《시빌 워: 캡틴 아메리카》, 이규원 옮김, 시공사, 2016.

- 에드 브루베이커, 스티브 엡팅 외, 《캡틴 아메리카: 윈터 솔저 얼티밋 컬렉션》, 임태현 옮김, 2015.
- 에드 브루베이커, 스티브 엡팅 외, 《캡틴 아메리카의 죽음 1》, 최원서 옮김, 시공사, 2011.
- 에드 브루베이커, 스티브 엡팅 외, 《캡틴 아메리카의 죽음 2》, 최원서 옮김, 시공사, 2011.
- 에드 브루베이커, 스티브 엡팅 외, 《캡틴 아메리카의 죽음 3》, 최원서 옮김, 시공사, 2011.
- 워렌 엘리스, 아디 그라노프, 《아이언맨: 익스트리미스》, 최원서 옮김, 시공사, 2010.
- 잭 커비, 조 사이먼, 《잭 커비 앤솔로지》, 이세진, 이규원 옮김, 시공사, 2018.
- 제이슨 아론, 사이먼 비앙키, 《타노스 라이징》, 이규원 옮김, 시공사, 2015.
- 조나단 힉맨, 데일 이글스햄 외, 《판타스틱 포 Vol.1》, 정지욱 옮김, 시공사, 2015.
- 존 로미타 주니어, 데이비드 미켈라이니 외, 《아이언맨: 병 속의 악마》, 최연석 옮김, 시공사, 2016.
- G. 윌로우 윌슨, 애드리언 알포나 외, 《미즈 마블 Vol.1: 비정상》, 이규원 옮김, 시공사, 2015.
- 짐 스탈린, 조지 페레즈 외, 《인피니티 건틀렛》, 이규원 옮김, 시공사, 2015.
- 커트 뷰식, 알렉스 로스, 《마블스》, 최원서 옮김, 시공사, 2018.
- 컬런 번, 달리보 탈라직, 《데드풀의 마블 유니버스 죽이기》, 이규

원 옮김, 시공사, 2016.

- 크리스 클레어몬트, 짐 리,《엑스맨: 뮤턴트 제네시스》, 이규원 옮김, 시공사, 2014.
- 폴 젠킨스, 라몬 박스 외,《시빌 워: 프론트 라인 BOOK 1》, 이규원 옮김, 시공사, 2016.
- 폴 젠킨스, 라몬 박스 외,《시빌 워: 프론트 라인 BOOK 2》, 이규원 옮김, 시공사, 2016.
- 프랭크 밀러, 데이비드 마추켈리,《데어데블: 본 어게인》, 최원서 옮김, 시공사, 2014.
- 프랭크 밀러, 클라우스 잰슨, 린 발리,《배트맨: 다크 나이트 리턴즈 1》, 김지선 옮김, 세미콜론, 2008.
- 프랭크 밀러, 클라우스 잰슨, 린 발리,《배트맨: 다크 나이트 리턴즈 2》, 김지선 옮김, 세미콜론, 2008.
- Frans Masereel, *Passionate Journey*, Dover, 2007.
- Paul Jenkins, Kieron Gillen, Adam Kubert, Andy Kubert, *Wolverine: Origin*(The Complete Collection), Marvel, 2017.
- Will Eisner, *A Contract with God*, W.W. Norton, 2006.

마블로지

초판 1쇄 발행 2021년 7월 9일

지은이 김세리
발행인 곽철식

외주편집 구주연
디자인 강수진
펴낸곳 하이픈
인쇄 영신사
출판등록 2011년 8월 18일 제311-2011-44호
주소 서울 마포구 토정로 222, 한국출판콘텐츠센터 313호
전화 02-332-4972 팩스 02-332-4872
전자우편 daonb@naver.com

ISBN 979-11-90149-57-0 03100

© 김세리

- 다온북스는 독자 여러분의 아이디어와 원고 투고를 기다리고 있습니다.
  책으로 만들고자 하는 기획이나 원고가 있다면, 언제든 다온북스의 문을 두드려 주세요.
- 하이픈은 다온북스의 브랜드입니다.